鄧焯榮 著

後疫情的健康習作

後疫情的健康習作
作者／鄧焯榮
策劃編輯／伍詠慈
封面設計／陳詩韻
內頁設計／楊仲文
出版發行／突破出版社
香港沙田亞公角山路33號突破青年村
電話：2632 0000　傳真：2632 0388
電郵：breakthrough@breakthrough.org.hk
網址：http://www.breakthrough.org.hk
http://www.btproduct.com
承印／陽光（彩美）印刷有限公司
2023年1月初版1刷

Health Practices for Wellness Lifestyle in Post-pandemic Era
by Andrew Tang
First Printing, First Edition, January 2023

Printed in Hong Kong
ISBN 978-988-8562-69-5

誠邀閣下就突破出版社的書籍發表意見
歡迎加入突破書籍 Facebook page — http://www.facebook.com/btbooks.page
本書採用環保油墨印刷

生 活 與 輔 導

關懷、連繫、復和、

溝通、對話……

凝視心之脈動，

直到重新尋獲自己的心。

目錄

原版蔡元雲序

近年來香港人不論男女老少都似乎熱衷健康這個課題，並參與相關活動：健身、纖體、食用健康食品、腳底按摩、行山、玩風帆、打高爾夫球等。

我最近出席幾個在香港舉行的專業研討會，也是以健康為主題：「少年健康國際會議」及「宗教與全人健康」跨專業研討會；會上的專家們都強調「全人健康」這概念的重要性。

這本書可以說是應時誕生：作者從多個角度深入探討「整全健康」── 身體健康、心理健康、思考能力、人際連繫、人生方向及靈性需要，都是身心和諧的重要基石。

鄧焯榮博士將他多年的研究成果，用平易近人的文字為我們作一個清晰的闡述，當中還加插不少真實個案，增添了可讀性。作者不是一個將自己關在圖書館裏的研究學者，他親自走到前線採訪，並且將一些有關整全健康培訓的實踐經驗記錄下來，讓這本書不是單停留在一個理論的層次。

最難得的是本書編排了一系列與個人身心和諧相關的習作；讀者不單是旁觀者，也可以成為參與者，能夠對自己的健康情況有進一步的理解。我相信身心和諧、整全健康是香港人最需要關注的課題，生活在這充滿心理壓力、飲食危機四伏、環境受到污染的大都會，我們都要學習如何生存得健康、生活得和諧。

我特別向青少年推薦這本書，因為書中的個人例證及實踐模式都跟青少年息息相關，而且健康的生活方式最好是從青少年開始培育。

蔡元雲 突破機構創辦人

原版區祥江序

鄧焯榮博士是突破機構的高級研究幹事，過去幾年，在大小不同的青少年服務計劃中，我們都有機會合作，他提供了不少服務成效研究上的意見和幫助。他的博學和謙虛，給我留下深刻的印象。

整全健康（Wholistic health）是現代人十分需要關注的課題。時下不少人都關心自己的身體和心理健康，但卻缺乏一套整全的健康理念，很多時候都是片面和湊熱鬧般的追捧一些健康方法，成效不大。媒體上有關健康的報道，只會帶來我們過敏的焦慮和反應。

作者多年來從事社區健康和整全健康的研究，對提倡整全健康的理念不遺餘力。作者在書中將他多年的研究心得，用淺白的文字、清晰的圖表和生活化的個案分析，將整全健康的概念，深入淺出地介紹，當中有不少重要的理念架構，是他在研究工作中建構出來的，參考價值頗高。

過去在輔導工作中，遇過不少身心靈受壓的受導者，我十分認同一套整全健康的理念，可以幫助受導者身心靈得到全面的關注，本書給我一個更整全的輔導介入的參考。每章都有一些可以增進自我認識的量表，讀者可以邊讀邊做，更能將這些健康知識，應用在自己的生活中。

深信讀者讀畢這書，不單能增進健康的知識，也能擴闊自己對健康的理解。若進一步將這些寶貴的知識應用在生活上，就可以成為一個健康快樂的人。

本書除了適合一般讀者之外，對於致力推動整全健康的醫療、教育和社工界同工，同樣是不可多得的參考。

區祥江 中國神學研究院教授

原版作者序

上世紀的科學研究，特別是醫學和心理科學範疇，對人類許多疾病的認識與治療貢獻良多。然而，對於人類潛能的探索與發掘，我們的認識仍然有限；時至今日，我們對於全人發展及整全健康的概念，仍然處於瞎子摸象的階段。

二十世紀後期，主流心理學醒覺在過去的半個世紀裏，發展主要着重精神疾病的範疇，卻忽略了一個更重要的「使命」── 協助人類發展潛能及促使生活更滿足快樂。要回應這個趨勢，正向心理學（Positive psychology）嘗試尋回這個失落的使命。問題是，當社會各界掀起這股健康熱潮之際，不同專業的人士以至商業機構，都紛紛提供強調以全人發展及整全健康為重心的服務，卻因着各人對健康的理解有所差異，出現了許多表面相仿的名目，各自描繪的精彩圖畫，眾説紛紜，莫衷一是。

西方的科學和生活潮流，提倡着重身心整全向度的生活模式。然而，整全健康這個概念並非只是「舶來品」或什麼新鮮事物，在中國傳統文化和醫學中，數千年來的生活智慧，在在展示了全人發展與整全健康的關係。這兩個概念，指向個人身心一致及整體生命和諧的各個範疇。一個人的身心和諧，包含了身體、心理及靈性的健康，以及思考能力、人生方向和社會人際連繫。我嘗試整合過去的研究和實務經驗，參考傳統中醫學的智慧，回到生活的層面，向讀者介紹整全健康的概念、發展及實踐方式，讓現代人能將這些傳統智慧繼續發揚和運用。

這是一本討論整全健康的書，亦是一本談及生活智慧和個人自助成長的手冊。全書以描繪整全的生活模式為主線，透過很多自我認識的練習和分析，幫助讀者了解自己的內心世界及生活各主要範疇，並且提供進一步探索和成長的方向，協助讀者達致身心和諧的成長。

能夠完成這本書，我要感謝我的神、我的家人（特別是Josephine、Samuel 和 Rachel 的關心愛護）、突破機構的同事們（特別是陳碧凌博士、關惠之小姐的支持及協助，同工陳競存弟兄的同行）、我的老師們（特別是中一的班主任，以及博士研究導師 Dr. Richard Fielding 的啟蒙），和一班曾與我接觸的受導當事人。他們都參與了我的成長，讓我更認識身心和諧的意義。

願意以這本書與讀者一起分享和思想這個重要的生命課題。

新版作者序

想像將來有一天，早上醒來，出門三件事，已不像從前一樣。出門前，首先要在網上預約，記錄行程，更要運用大數據，因應路面情況，決定要走哪一條路，預定路線去到目的地。因為沒有預約，不走特定的路線或行程，是沒有人會招呼你的。更要緊的是，一定要拿取健康碼，才可以平安出行。步驟不會太複雜，首先從口 / 鼻腔取樣本，放進家中的快速測試機。同樣是連接雲端的大數據中心，不用 15 分鐘，已得出沒病毒的陰性結果。即時將檢測結果及行程，按選擇了的路線，通知線上各單位，就是這樣換取健康碼，才能順利出行。祝一天出入平安！

自從新冠肺炎全球大流行，徹底改變我們的健康及生活模式。持續的疫情演化成新常態，社會為順應有限制的社交接觸、生活空間，形成羣體和個人的新界線和行為形態。這些人際範式轉移，衝擊過往平常的人際界限和社會運作。新常態下，嚴格的社交距離及防控政策，既為公共衛生提供安全網，亦為個人心理和人際關係，設下無形的壁壘。市民減少與他人接觸，日常生活、消費購物，更多走上網絡；學習和工作的場所，由學校、機構，全部轉移至家中。以往社會多年提倡家庭友善文化，或工作與生活平衡，但疫情下改為在家工作（work from home），社交媒體廣泛用於工作溝通的情況下，工作已入侵私人空間，打破家 / 工作之間的平衡點，考驗個人身心和諧的底線。

公共衞生和抗疫應用的電子防控工具，加速健康網絡化，將愈來愈多的個人數據及資訊放到網上，衍生生活模式轉變，也許提供了一些新機遇，但更多的是改寫社會對健康的意識、態度和行為。

本書提出後疫情時代的健康生活模式；並以案例説明生命的重要階段中，可能出現的情緒困擾及成長需要、各種亞健康狀況及壓力問題，尋找身心和諧及生命的醒覺和成長路線圖；認識身心連繫的健康新常態，做好後疫情時代的健康習作，達致身體及心靈的連繫。

全書共分三部分。第一部分，解説整全健康的概念及趨勢（第 1

章）；第二部分，就個人的身心滋養、加強溝通及情緒管理等方向，闡釋操練身心和諧的要訣（第 2 至 5 章）；第三部分則討論靈性、悟性如何能推動身心醒覺（wellness realization）的生命連繫，藉生命圖譜了解人生方向，為生活添上意義和動力（第 6 至 7 章）。最後，介紹行為改變的方法（第 8 章），以生活例子展示身心和諧轉變的過程，讓我們在後疫情時代思考，從困境中看到曙光。在新常態下，找到平衡點，尋找身心和諧生活的出路。

（按：本書以《健康習作——身心和諧的生活時尚》和《跨越困境——身心醒覺的內在力量》內容為基礎，加入後疫情新時代的分析）

第 1 章

整全的健康之道

——身心和諧

有一天，女兒對我說，她們的高中生活，就在幾年社會動盪和疫情下，以網上學習渡過。相比我們讀書時期在校上課，與同學玩樂，疫情和網課的確是她們這一代的獨有成長經驗。

活在今天的後疫情時代，還記得上一次沒戴着口罩，與一班好友面對面談天，或與同事一起盡情享用自助餐、拍大合照的情景嗎？大概印象已很模糊了。反之，今天我仍清晰記得，2003 年時和一班同事一起戴着口罩，拍了大合照！

就在我們以為醫學進步的時代，許多無法醫治的疾病仍然存在。千禧後的 20 年間，我們經歷了兩次世紀疫症：「沙士」（SARS）和新冠肺炎。人面對無法預測的大自然，只有不斷摸索與大自然的平衡狀況。沒想過「沙士」疫情過去，相隔不足 20 年，新冠疫症來臨，令整個世界再次遭疫症陰霾籠罩，甚至改寫了個人生活空間、人際關係、工作及網絡的規律。各國努力對抗新冠疫症，研發疫苗，嘗試對付病毒，但抗疫一年多後，又聽見新的變異病毒株出現。科學未能解除惡夢，難道要無止境地繼續抗疫？隨着大部人注射疫苗，開始有口服藥的出現，我們學習適應後疫情的新常態生活。

新時代的健康生活

我們都盼望有一天醒來後，能回到從前沒有疫情的生活樣式。不過，事實是，生活已經改變。

幾年的全球疫情加速了生活網絡化，人工智能（Artificial Intelligence, AI）改寫了健康的定義，也改變我們接受醫療服務的方式。在 5G 物聯網絡世代，個人的健康數據，可以放上雲端，再連繫家中的裝置，如快速健康測試機、流動個人健康手環，即使在家隔離休養，也可在網上進行遠程醫療諮詢，實時尋求網上醫療保健協助，或預約諮詢會面。

智能健康手環，是每位都市人的流動綜合測量器。以往的健康測量數據，包括心血管健康指數，如血壓、心率、血氧量，以及身心健康指數，如壓力度、緊張度、疲勞度，都可實時儲存至雲端，或傳送至與個人連繫的專業健康照顧人員，尋求即時諮詢。

不知什麼時候，都市人追求健康飲食的熱潮，在煩惱「今晚食乜餸」時，我們可以應用 3D 打印，在家度身訂造營養餐。以前在家中都是睇餸食飯，父母煮了什麼，全家一齊分享；而 3D 食物打印，可以按每人的營養需要、心情喜好和身體狀況，設計最合適的餐點。3D 食品是合成食物，既可解決地球糧食問題，也可嘗試新的食物菜單和飲食。

跟一般 3D 模型打印類似，3D 食物打印，也可採用 3D scanner，按自己喜歡的造形，設計立體圖案，轉化成精美也可以進食的立體食物。

3D 食物打印機，也可連接個人雲端健康數據，提供營養和健康教練的私人建議（https://www.open-meals.com/sushisingularity/index_e.html）。3D 食物更能配合個別人士的營養需要，即使患有糖尿病或痛風，甚或沒有牙齒、有吞咽困難的長者，也可享受美味的軟餐。

沒染疫就是健康？

從前我們關注健康，是討論減少患上癌症或心臟病的良方，又或追求完美體型的健康食品和健體秘笈，以及怎樣在逆境中超越壓力的致勝錦囊。然而，今天城市人熱切討論的焦點，是如何預防新冠肺炎一類的病毒，以及確診後如何調理身體，避免長新冠。

後疫情時代下，健康的新定義是什麼？沒有確診，就算健康嗎？會否遺忘了一些更重要的健康元素？

疫情前的生活方式，一切都像理所當然。但在社交距離、在家工作新常態下，我們有沒有時間和空間安靜下來？有沒有時間跟家人、朋友相處、傾談？生活是否還有更多選擇？有什麼是真正重要的事情？

檢查你的生活狀況

以下是有關生活狀況的描述，請你選擇最接近自身情況的答案。

	非常不同意	不同意	同意	非常同意
1. 你覺得你的將來會變得更好。	1	2	3	4
2. 你覺得你的朋友 / 同學 / 同事比你幸福。	4	3	2	1
3. 你因身體狀況，不能做自己想做的事。	4	3	2	1
4. 你有清楚的人生方向。	1	2	3	4
5. 你會做一些鍛練思考的事。	1	2	3	4
6. 你擔心不幸的事會發生在自己身上。	4	3	2	1
7. 你對自己的能力很有信心。	1	2	3	4
8. 你懷疑自己有需要時，家人會不會幫忙。	4	3	2	1
9. 你對生命沒有太大期望。	4	3	2	1
10. 你儘量避免做需要太多思考的事。	4	3	2	1
11. 你會向好的方面設想。	1	2	3	4
12. 你擁有健康的身體。	1	2	3	4
13. 你覺得自己沒有什麼價值。	4	3	2	1

	非常不同意	不同意	同意	非常同意
14. 你不明白生命有什麼意義。	4	3	2	1
15. 你滿意自己經常要動腦筋。	1	2	3	4
16. 你的家人一直支持你。	1	2	3	4
17. 你的身體比同年紀的人健康。	1	2	3	4
18. 你從來很少想到自己會成功。	4	3	2	1
19. 在你有需要的時候，隨時能找到朋友幫助。	1	2	3	4
20. 你很滿意自己。	1	2	3	4
21. 你想找朋友傾談，但很難找到。	4	3	2	1
22. 你覺得自己的健康會變差。	4	3	2	1
23. 你有清楚的人生目標。	1	2	3	4
24. 你覺得自己的腦筋不夠靈活。	4	3	2	1

計分方法

請將選擇的數字填在不同題號的空格裏，然後把分數加起來，填在「合計分數」欄內。合計每項範疇的得分，就是生活狀況的總分。

答案及分數					合計分數
身體健康	3	12	17	22	
自我評價	2	7	13	20	
樂觀感覺	1	6	11	18	
人際支援	8	16	19	21	
人生意義	4	9	14	23	
思考能力	5	10	15	24	
				總分	

各範疇的得分，反映了你的生命是否平衡和健康。若個別範疇的分數低於 10 分，應特別注意及加以改善。

健康觀念的轉型

上世紀，西方現代文明及都市化的生活模式，帶來了生活質素的提升；然而繁華背後亦衍生不少憂慮，如與生活習慣相關的文明病 / 都市病（Lifestyle disease / Urban disease）有不斷上升的趨勢。隨着醫學科技的進步，人類的平均壽命逐漸延長。有人認為，現代醫學能消除大部分傳染病的威脅；而未能克服的，正是文明生活所衍生的都市病，例如癌症、心血管疾病、神經免疫退化，以及精神錯亂、情緒病等慢性、長期的疾病。近代醫學與流行病學（Epidemiology）研究這些都市病的病因，發現大多與先天遺傳、生理病變、心理狀態、社羣行為與文化背景等多種複雜因素掛鈎。以往用來治療一般急性病與傳染病的醫療模式，對於很多長期病患未能產生滿意的效果。

長期以來，傳統西方醫學以生物醫學模式（Biomedical model）主導，容易將人的生理和心理經驗分割（心物二元論，Mind-body dualism），只着重治療與疾病相關的症狀，未能充分考慮身心因素的聯繫（身心統合，Mind-body integration），亦忽略了病人的靈性與人際社羣的需要。今天，隨着個人主義抬頭、普羅大眾對健康的知識增進，人們更加關顧到自身的健康，更加懂得為自己打算；而消費主義的普及、對個人權益的訴求，使人們懂得主動向醫護人員提出要求，對於不合理、不滿意的服務也會作出投訴。有人認為西方醫療的治療模式未能適切所有人的需要，部分求醫者求醫時會抱所謂「購物式就醫」（doctor-shopping）的態度，亦有部分索性轉往傳統中醫治療或各種另類治療模式。這代表大眾對健康的意識提高了嗎？

早於 1948 年，世界衛生組織已為健康下定義，不只着眼於有沒有身體殘疾，而是身體、心靈及社羣的完全安適的狀態。這説明了疾病與健康乃連續性的概念，現代醫學將以往傳統所強調，單純以治療病徵為重心的模式，推展至更整全的醫療模式，以及強調正向健康（positive health）的趨勢（參下頁）。早期的身心醫學（Psychosomatic medicine），以至 1980 年代的健康心理學（Health psychology），均不斷向生物醫學模式發出挑戰，並提倡以生物心理社會模式（Biopsychosocial model）作為現代的醫療模式。

健康心理學的出現，補足了過往醫療模式的不足，包括以預防為

導向的預防及公共衞生醫學，加強了心理因素的考慮；在治療疾病及康復的過程中，考慮病人的心理反應，以及對疾病的身心適應；更重要的是，健康心理學增強了人們對正向健康的認識，在促進身心健康的整全發展（wellness development）起了重要作用（鄧焯榮，2000）。

疾病醫學模式及身心和諧模式

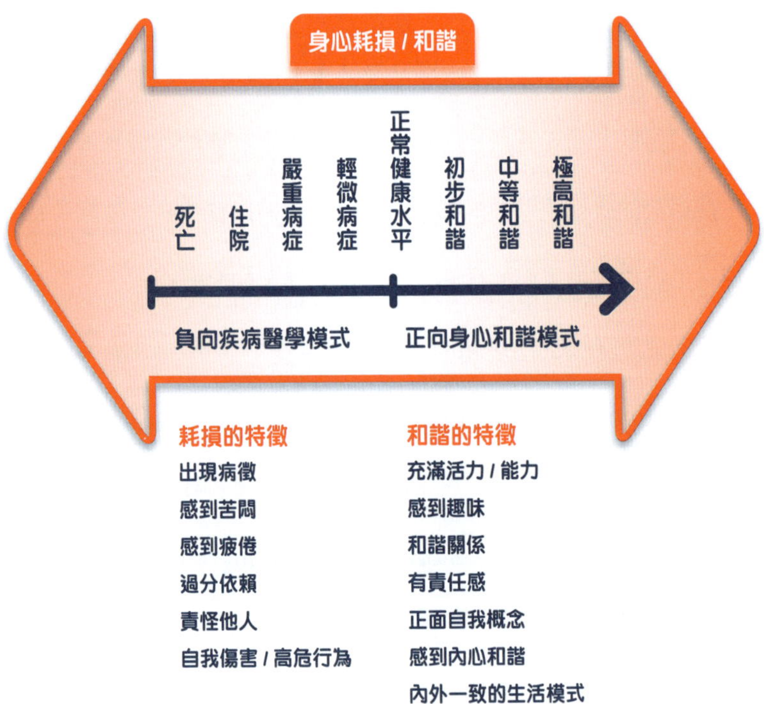

你健康嗎？

追求健康的生活，除了保持身體健康，亦要注意身心是否和諧。心理健康的確會影響身體健康，兩者息息相關。調查顯示，一般人認為自己的健康狀況都偏向普通。按一般情況比喻，作簡單普及推算，在 100 名 10 至 29 歲的青年當中，大概 4 位認為自己的健康狀況差或非常差，60 位覺得普通，32 位覺得還算好，只有 4 位回答非常好。這裏所說的自覺健康狀況（Self-perceived health），是指對自己整體健康的主觀理解。

不同人對自己的健康狀況有不同的理解。其實，在日常生活中，我們隨時都評估自己的健康狀況：每天起牀時，你會問自己有什麼感覺？若你感到不適，或照鏡時覺得面色蒼白，這都是一個自覺的評估。自覺評估可以是一個特定的習慣，例如體重是否超重，要開始減肥，也適用於其他範疇，如人際的支援是否足夠。同時，你亦可評估自己整體的長處和限制，又或者人生方向是否清晰和有意義。

研究發現，自覺健康狀況會受個人心理情緒，以及身體健康狀況的影響。愈來愈多研究顯示，自覺健康狀況的提示，有助預測未來的健康狀況、患病機會等，可見心理健康對身體健康的影響（鄧焯榮，2000）。

因此，**後疫情對社會的衝擊遠超人們的想像。除了確診帶來身體的病症，長時間的社交限制、生活模式的轉變，更造成個人深層身心的破損和消耗。**英國醫學科學學院（Academy of Medical Sciences）的研究指出，新冠疫情期間，65 歲以上人士的自殺率增加了 30%。由此推論，對於有精神健康問題的人，疫症大流行是特別艱難的時候。新冠疫情對人們的健康產生深遠影響，並延伸至將來，故此監察焦慮、抑鬱、自殘、自殺以及其他心理健康問題的增長率將會是社會長遠要面對的問題，並對大眾的健康構成威脅（BBC, 2020; OECD, 2021）。

整全身心健康診斷（wellness diagnosis）

有學者提出應用身心和諧模式（wellness model）作為促進健康的方式。身心和諧模式包括六個範疇：身體健康（physical health）、心理健康（psychological health）、人際連繫（social connection）、思考能力（whole-brain intellect）、人生方向（vocational pursuit）及靈性需要（spirituality）。

身心和諧模式的六大範疇

1. 身體健康

一般人對健康的理解，大多集中看身體機能的好壞。如上文所說，**身體健康、沒有疾病，並不等於擁有健康。**判斷一個人是否健康，也不能單憑外觀作準。時下的健身及纖體文化，過於着重追求外表的完美。運動有助減肥，但運動的重要性，不只在於改善體型，而是建立個人全面的體適能（physical fitness），例如鍛練肌肉耐力、心肺功能、身體的柔軟度和協調平衡等活動能力。

2. 心理健康

你平日的心情一般是開朗還是沉鬱？當生活遇到壓力時，你會怎樣反應？當憤怒生氣時，你要多長時間令心情平復？你怎樣看待自己呢？以上的問題，反映了你的抗逆力（Resilience），以及你對自己的認識有多深。**情緒智商（EQ）是近十多年備受討論的熱門話題，包括了解自己的情緒、如何保持情緒穩定、懂得處理情緒低潮，以致能在逆境中顯出樂觀精神和毅力。**除了認識和掌握情緒外，肯定自己的價值與能力，亦有助計劃未來的目標。一個心理健康的人面對逆境時，既能了解自己的長處和能力，亦能接納自己的缺點，積極改善，並且能訂立目標與成長的方向，堅持不懈及克服困難。

3. 思考能力

鍛練腦筋和操練體能同樣重要。**過多或過少的思考活動，都會損害身心的健康。**一直以來，傳統教育都較強調智力（IQ）的發展，即一般所謂左腦智能（Left-brain intellect），指理性思維的分析、計劃及解決生活學習的能力，而忽略了右腦智能（Right-brain intellect），即人的創造力、整體時間及空間的抽象思維。全腦智能是指能夠更全面運用左右腦連繫的思維能力，透過鍛練令左右腦的合作更協調，激發平日未能全面運用的更高層次的思維能力。

4. 人際連繫

近代醫學與精神健康的研究證實，社交支援與個人的患病率和死亡率甚有關連。正面的社交支援能減低我們死於心臟病的機會，亦對身心健康、精神病症等帶來保護的作用。**人際連繫能給人一種歸屬感，是逆境中重要的依靠，亦可以在有需要時提供物質與**

資源的實際幫助。可是，身邊有很多家人或朋友，不一定代表感覺到支援，或感覺自己對他人的重要性。良好的人際連繫，包含社交支援的質和量，是關係中的付出和接受。

5. 靈性需要

人的心靈和靈性需要，不只關心死後往哪裏，又或有沒有來世，亦是對今生事物的關注。這種需要不是狹義上個人的宗教信仰，更是背後驅使人思考生存意義與人生目標的一種內在自我醒覺，以及人性的深層推動力。人雖不能看透萬事，但這種靈性悟性（spiritual awareness）能幫助人串連過去、現在和將來的因果關係，更能明白身邊的人和事怎樣影響自己，包括什麼人對自己重要、什麼事對自己有意義、什麼是影響深遠的人生決定。靈性需要亦反映於一些較外顯的行為，例如人會探尋物質世界以外的超自然神秘力量、人與上天或神的關係等。這樣説來，**人的靈性就好似一根管道，能將生活及生命各部分連繫（intra-personal connectiveness），讓生命及身心各個範疇朝向更和諧的狀態發展**。靈性的醒覺（awakening），有助個人超越物質局限和面對外在困境的枷鎖。

6. 人生方向

工作和職業是幫助人認識自己興趣、性向、能力及潛質的重要途徑和過程，但工作（vocation）不等於職業（career）。社會上向來習慣以薪酬或社會地位等來衡量職業的高低好壞，限制了年輕人發展事業的空間與可能性，有些人為了餬口而工作，只能經驗過程的繁瑣，卻未能尋到工作的意義。工作不只為滿足生活和物質的需要，更能為人提供滿足感和生活動力。**一份能令自己投入、努力和積極委身（life-long commitment）的職業，有助自我認識和自我發揮，甚至有助尋找個人使命。**使命的源頭可能是看到社會的需要，亦可能是一種主觀的執著，或對某件事一種承擔的熱誠。

後疫情的社會動盪、經濟急劇轉型，人們紛紛議論前路，有人舉家移民另覓出路，亦有提倡北上大灣區，尋找新的工作機遇。如何找到既合適又切合自己的職業，確是一個重要的人生方向。就算繼續留在香港，在家工作的常態，頻繁的網絡連繫，亦令工作的運作起了重大的轉變。

疫情的出現，對許多傳統行業帶來很大的衝擊，不少人失去了穩定的工作，同時又為一羣人帶來新的機遇。不同的心態和回應，反映不同人的生活模式。即使工作地點模式變換，工作仍是人更認識及確定自我發揮（self-actualization）的過程。

本書將會透過三個不同人生階段的人物故事，展示身心和諧的概念，如何渡過不同生活場景的考驗。三個人物也會透過重整身心和諧的方向，跨越生命危機，踏上整全健康的路。

高中生阿 Wing

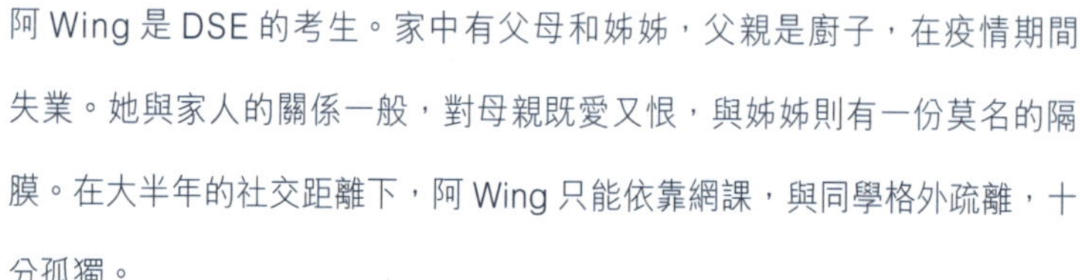

阿 Wing 是 DSE 的考生。家中有父母和姊姊，父親是廚子，在疫情期間失業。她與家人的關係一般，對母親既愛又恨，與姊姊則有一份莫名的隔膜。在大半年的社交距離下，阿 Wing 只能依靠網課，與同學格外疏離，十分孤獨。

阿 Wing 身形瘦削，身體虛弱，面色蒼白，精神有點恍惚。她非常留意自己的身形和外表，在朋輩的影響下，經常跟隨減肥餐單進行節食，以求減輕體重。她的生活作息時間不算穩定，也很少做運動，或有其他興趣，平日喜歡上網與幾位外國網友聊天。自中三開始，追捧 K-pop 組合。

阿 Wing 的學業成績不太好。她憑一點小聰明熬過考試和課業，但家人和老師們沒有對她寄予厚望。她認為就算自己下了苦功，也不會有好成績，反而希望在外國學習廚藝。姊姊似乎沒有跟她一樣的喜好，還常常取笑阿 Wing 不切實際。在成長中，因着不良的比較，兩姊妹的感情愈來愈差。父母明顯比較疼愛姊姊，對阿 Wing 的前途、感情和生活雖特別擔心，往往以嘮叨的方式表達對她的關心。

阿 Wing 的朋友不多。她中三時第一次拍拖，曾發展過兩段感情。就在兩星期前，她剛與男友分手，情緒十分低落，腦海不停浮現以往二人一起的溫馨片段。她不能接受被男友拋棄的事實，不斷為分手找理由，認為是自己樣貌身材不夠好，對男友不懂遷就，自覺配不上對方。在面對感情困擾時，阿 Wing 正面臨公開試的嚴峻考驗，又因一直進行網課，很少接觸老師和同學。此刻她思緒混亂，無法集中精神，對前途感到徬徨，又怕令父母和老師失望。

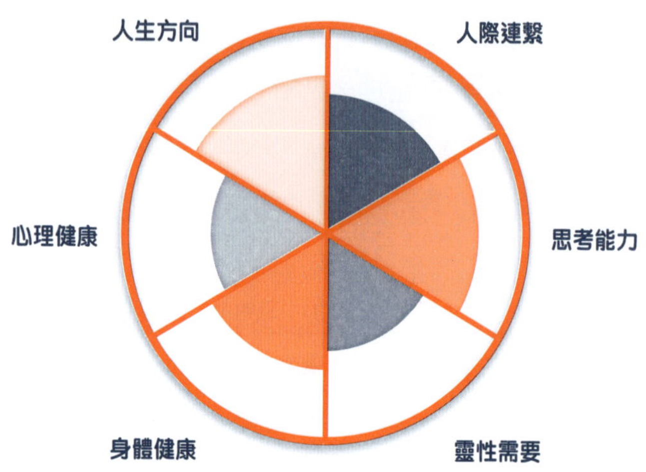

阿 Wing 的身體、心理與靈性健康，以至和他人的相處，都有待改進和成長。而她的發展側重於個人思考與未來志願，上表展示她在人生方向及思考能力兩項得分較高。

阿 Wing 對身體健康缺乏自理，例如欠缺運動、沒有攝取均衡營養，反而過度節食，令體質較弱，容易生病。由於父母與姊姊未能在阿 Wing 的成長中給予適當的支持與關懷，於是她轉而尋找其他事物來肯定自己的價值。她的自我形象偏低，導致不良的心理狀態，加上未有處理家庭關係的角力，不懂得面對負面情緒及表達對家人的不滿，影響了心理健康。

從人際連繫出發，阿 Wing 渴望別人的關懷，愛情似乎是其中一項重要的「代替品」，卻因她未有足夠成熟的人際技巧與感情心態而備受打擊，只着重外表身形的吸引，未能留意健康地發展感情深度的重要。她的自我認識不深、未能肯定自我價值，容易受他人影響。

阿 Wing 對生命有一番體會和感受。她雖有唸廚藝的志願，卻未能將父親對工作的抱負，恰當地昇華成為自己的職志方向。阿 Wing 對自己的生命未有合適的理解，靈性需要發展薄弱，未能清楚身邊的人與事對自己生命的意義和重要性，故生命的各個範疇似乎仍未找到合適的位置，以致未能好好應付生活中的壓力，如考試。她雖有點小聰明，卻未能專心準備考試，不知憑着努力，能否勉強應付過關。

教師秀智

秀智已婚，育有兩個分別是六歲和三歲的兒子，她與丈夫的關係一般，雙方很少時間深入溝通。她身材中等，面色有點蒼白，常感疲倦。她的生活十分簡單，大部分時間都放在教師工作和照顧兩名兒子上，而公餘時除參與教會活動外，沒有太多特別興趣。自半年前，大兒子上小學後，每天要為很多大小瑣事忙碌，令她感到煩擾，失去動力，似乎沒有能力控制生活中發生的事情。

秀智在中學任教通識科已有七年。最初幾年，她對教學充滿熱誠，也感到滿足，隨着時間過去，熱誠逐漸減淡。她與同事沒有融洽的關係，反而經歷了不少權力鬥爭。可是，秀智覺得丈夫未能為她分憂，亦沒有幫忙家務和照顧孩子，難以適應作為雙職婦女兼顧工作與家庭兩方面的責任與壓力。

秀智在大學時副修通識，畢業後再進修成為通識科老師。新冠疫情以來，她要適應網課的教學模式，覺得自己未能勝任作一位好老師，而過去的社會運動，令老師教授通識課題，更感壓力和焦慮。大半年前，校長透露在課程改革下，她將要準備任教其他科目。秀智既要克服害怕失敗的心理障礙，又怕未能達到校長的要求，活在更大的壓力下。

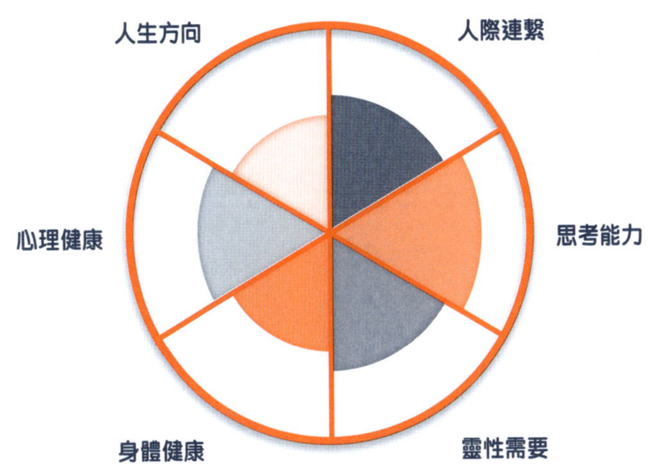

如果把秀智的身體、心理與靈性健康，和他人的關係，以至人生方向及思考能力各範疇，以圖表呈現，就如上圖，她在多方面都有待改進和成長。

看來秀智在身心各方面，都處於非常緊張的狀態，甚至有步向身心枯竭的危機。工作擔子與家庭責任的雙重拉力，成為秀智最重的壓力來源。作為一個盡責的母親和教師，秀智傾向照顧別人的需要，而忽略了個人的身體健康。由於長期勞累和缺乏休息，她很容易有由壓力引致的病症。

此外，夫妻沒有足夠的溝通與互相支持，而工作環境中，同事間的競爭，令秀智缺乏人際連繫。她未能得到情感上的安慰，以調適生活拉力帶來的負面影響，甚至製造了一定的人際衝突。

秀智當教師已有一段日子，事業上的成就、思考能力的發揮，以及看到學生的成長，都曾為她帶來滿足感，而她亦有相當正面的內在價值，如有宗教信仰，亦重視關係、有心培育青年人成長、努力追尋生命目標等等，使她在建立人生方向時有良好的起步。但是，面對生活、事業和家庭各方面階段性的轉變，令她無法適應，人生方向因而變得模糊。從工作中獲得的滿足感，未能抵消因轉型帶來的壓力，以及對自我價值的衝擊。自我價值動搖了，心理健康自然失衡，使她感覺生活完全失控，無力關懷別人，亦感覺不到他人明白及支援自己。她雖有信仰支持，卻因面對這樣的危機，未能透徹理解自己的處境，靈性需要沒有得到充分關顧，以致生命各個範疇都處於混亂的狀態。

中年爸爸偉恆

偉恆四十多歲，已婚，有兩名子女，家庭關係緊密。他身材高大健碩，予人健康、精神充沛的觀感。他在朋輩和工作的影響下，曾經有吸煙的習慣，數年前因健康緣故已經戒煙，此外並無其他不良嗜好。偉恆是基督徒，間中參與教會活動，閒時喜歡上網購物，或做健身運動。

偉恆從事餐飲旅遊業已十多年，在新冠疫情的兩年多，處於半失業狀態。疫情前，偉恆正值事業高峰，工作時間很長，又因長期與時間競賽，精神常處於緊張狀態。他做事快速，強調效率，若同事或下屬不依從他的要求時，就會情緒激動，甚至大發脾氣。雖然每次他都為自己的反應過激而感到後悔，特別是衝動地說出傷害他人的說話，令他與同事的關係變得緊張。

近日偉恆因為擔心工作和前途，開始感到焦慮和情緒低沉，晚上有失眠的情況，健康亦變差了，有胃痛、皮膚敏感，又常因傷風感冒要吃藥和看醫生。

下頁圖表呈現偉恆的整理健康狀況，偉恆的家庭關係及靈性需要發展較為成熟，但身體、心理、思考能力及人生方向等範疇，都有待改進和成長。

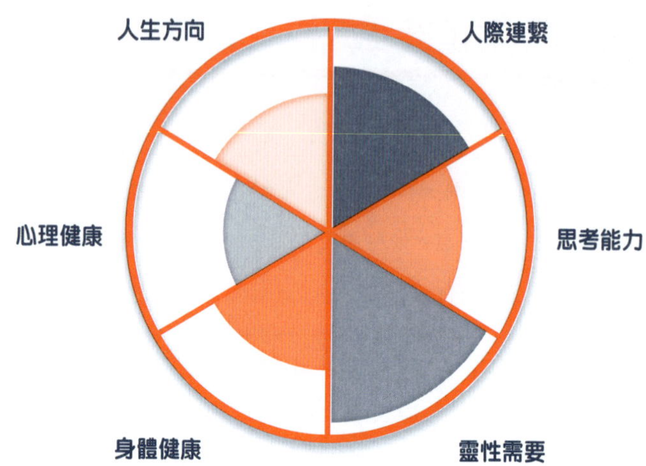

偉恆身形健碩，保持適量運動，平日很少患病，也沒有太多不良嗜好，健康尚算不錯。當偉恆面對失業危機時，由於他的家庭人際連繫良好，為他提供了情感和物質上的支援，調和了生活的壓力及工作的不如意。太太的接納與支持，給他信心面對逆境時，不致放棄，並繼續堅持尋找工作。

直至失業了一段日子，偉恆擔心未能支持家庭的經濟，不時懷疑自己的價值。前途的不明朗，令他的信心動搖；心中的焦慮和低沉情緒，不單影響了他的心理健康，亦令身體的抵抗力減弱，又因沒有心情與動力做運動，結果身體開始出現毛病，常感不適而求醫。

而年輕時的偉恆不太理會吸煙的害處，在朋友的影響下染上吸煙的習慣。踏入社會工作後，同事有不少吸煙者，加上工作壓力大，希望藉吸煙減壓。面對忙亂的生活，偉成未能好好管理時間，也不懂得處理壓力。

偉恆未有着力發展自己的思考能力，傾向簡單化及兩極化地看事物。他的性格比較急躁，又有完美主義的傾向，因此別人未能按他的心意做事時，便很易被激怒；而他亦不懂得處理與同事的衝突，影響了工作間的人際連繫。另外，他已屆中年，正經歷中年的事業危機，令原本處於事業高峰的他，面臨人生另一重大考驗。

雖然如此，偉恆是教徒，有宗教信仰的承托，而且家庭關係穩定，令他在危機中，靈性需要得到關注，幫助理解自己的處境，以致能將生命的各個範疇放回合適的位置，讓失衡和混亂的狀態回復正常。

第 2 章

打擊身心和諧的兇手
—— 壓力

無處不在的壓力

什麼是壓力？若要作出定義，壓力可算是「因」亦是「果」，存在於生活中的各種處境、各個方面，不能避免。一般的、較小的生活壓力，如日常瑣事太多、嘈吵的家居環境、交通擠塞等，都可長期積累成困擾，引致壓力。此外，人生的成長階段，會有一些特定的擔子（demands of life），如學業重擔、感情困擾、工作過勞等，亦有突然而至的壓力，如失業、失戀、失婚、個人 / 家人患病，甚至面對父母離婚或家人逝世等重大的人生危機（major life events）。這些都會構成個人及家庭的重大衝擊。

無論什麼年紀，精神壓力都存在於我們生活的各方面，似乎無法免疫。

源於生活壓力的困局

這幾年的社會動盪，以至新冠疫情，政治形勢急轉變，國際衝突頻繁，很多家庭都經歷生活、經濟和精神上的巨大壓力。即使有時疫情趨向穩定，經濟氣氛似乎開始復甦，但社會的貧富懸殊更趨嚴重，而網絡數碼兩極化，反映嚴重社會和政治分化，令社會不穩（趙耀華，2021）。

對於不同社會階層的人，壓力有着不同的形式和內容。對基層而言，他們的壓力，除了擔心失業，也為着應付每天的生活開銷及物質需用而憂慮；而中產家庭則因社會的前境不明朗，為子女的學業與前路費盡心思，甚至另覓移民的出路（香港青年協會，2021）。

此外，由於疫情下的社會狀況急速變遷，在家工作的新常態，也為不少家庭帶來新的適應。女性身處家庭與事業的角色有更大的挑戰，夾在傳統期望與個人發展所帶來的張力之下，身心特別受壓。本書將會就這種後疫情城市現象，以秀智的案例來闡述一個雙職女性的心聲和掙扎。

構成壓力的事件

阿 Wing 處於青少年階段，面對成長階段的重擔、尋找自我的困擾、戀愛與分手、家人關係緊張，同時面對大環境的變化，如社會政治動盪。她認為要更多關心社會，卻感覺社會的看法分歧，有時疑惑年輕人是否應為自己的理想去爭取，還是順應家人或社會主流的期望生活，尋求安穩的前程。

秀智處於事業和婚姻發展期，面對工作和家庭生活的張力。在家庭方面，她與丈夫的溝通欠佳，欠缺支援，家庭角色分配不平衡；而工作上，她未能應付新常態教學轉型的考驗，同事間的關係欠佳，對自己亦缺乏肯定，似乎逐漸失去對教學的熱誠。在後疫情下，老師的角色十分重要，無奈感覺前路寸步難行，丈夫也常提及同事間計劃移民的話題。在這年頭，是去是留，子女的前途，為年輕夫婦帶來莫大的迷茫。

偉恒本來處於事業的黃金階段，但前途受到後疫情經濟轉型的衝擊。幸好他的家庭關係及支援不錯，經濟狀況在短時期內不致構成壓力。他在年少時曾有吸煙的習慣，在性格及職業的影響下，為人比較急躁、緊張和容易發怒；他不懂得處理同事間的衝突，同時又擔心自己的前途，情緒憂慮亦

影響了身體的抵抗力。在過去兩三年，偉恒在多年的朋友和同學社交媒體羣組，參與討論很多火熱議題。社會事件和疫情期間的爭論，令他失去了很多朋友。爭論過後，是否可以重建失去的朋友圈呢？

接下來有幾個健康測試，幫助你評估現時學業或工作上的各種壓力來源、性質，以及可能出現的反應。各人的生活及處境不同，先了解自己的壓力來源，才能作出調整。

你有壓力嗎？

壓力問卷（校園版）

以下有關生活狀況的句子，請你選擇最合適的答案。

	完全沒有	有時	經常	大多時
挫折				
1. 我最近在做要做的事時遇到困難（例如功課、考試等）而感到挫折。	1	2	3	4
2. 我最近被其他人排斥（例如同學/朋友不再跟我來往）。	1	2	3	4
3. 我最近在約會異性方面遇到挫折（例如對方不答應我的約會）。	1	2	3	4
決定				
4. 我最近為面對多個選擇/決定（例如選科）而感到矛盾。	1	2	3	4
5. 我最近為面對多個可能引致不好結果的選擇/決定而感到矛盾。	1	2	3	4
6. 我最近為要做決定（或會影響以後）而感到矛盾（例如選學校、選科）。	1	2	3	4

	完全沒有	有時	經常	大多時
張力				
7. 我最近為人際關係（如家人、朋友、別人期望等）而感到壓力。	1	2	3	4
8. 我最近為要在限期前完成某些事（例如交功課、預備考試）而感到壓力。	1	2	3	4
9. 我最近為面對太多工作（例如要同時完成很多功課）而感到壓力。	1	2	3	4
改變				
10. 我最近在同一時間內面對很多的改變（例如升學、轉校、搬家等）。	1	2	3	4
11. 我最近面對一些突然發生及不快的改變（例如家庭爭吵、父母離婚等）。	1	2	3	4
12. 我最近面對一些影響我生活或目標的改變（例如搬家、轉校等）。	1	2	3	4

	完全沒有	有時	經常	大多時
心態				
13. 我喜歡競爭並且要獲勝（例如我科科都要最高分）。	1	2	3	4
14. 面對問題時，我一定要找出最好的解決方法。	1	2	3	4
15. 我喜歡被所有人喜歡和注意。	1	2	3	4
壓力下的行為反應				
16. 哭。	1	2	3	4
17. 攻擊他人（言語上或身體上）。	1	2	3	4
18. 傷害自己（濫用藥物等）。	1	2	3	4
19. 不停吸煙。	1	2	3	4
20. 急躁、粗暴對待他人。	1	2	3	4
21. 企圖自殺。	1	2	3	4
22. 處處防範他人。	1	2	3	4
23. 遠離他人 / 獨處。	1	2	3	4

計分方法

請將選擇答案的數字按題號填在空格裏，然後把分數加起來，填在「合計分數」欄內；最後將每項範疇的得分加起來，成為你壓力狀況的總分。

	答案及分數			合計分數
挫折	1	2	3	
決定	4	5	6	
張力	7	8	9	
改變	10	11	12	
心態	13	14	15	
			總分	

不同壓力範疇的得分，反映了生活的壓力水平。若個別範疇的分數高於 8 分，便應特別注意及加以改善。

	答案及分數								合計分數
行為反應	16	17	18	19	20	21	22	23	

若行為反應的總分在 10 分或以上，反映壓力不單影響個人的思想和情緒，更因情緒困擾而出現行為反應；這表示壓力可能開始影響個人的生活、家庭和學習。

你有壓力嗎？

壓力問卷（工作版）

以下有關生活狀況的句子，請你選擇最合適的答案。

	完全沒有	有時	經常	大多時
工作				
1. 我工作很忙，沒有鬆弛的時間。	1	2	3	4
2. 我被一、兩件事情佔據了大部分時間，無法做其他事情。	1	2	3	4
3. 我比我的同事或朋友忙碌。	1	2	3	4
4. 我被很多不能推卻的事情壓迫着。	1	2	3	4
人際關係				
5. 我與家人、朋友或伴侶的關係緊張。	1	2	3	4
6. 我在關係上有新的變化（如失去 / 出現新的伴侶）。	1	2	3	4
7. 我失去了一位 / 多位朋友，又或朋友的圈子改變。	1	2	3	4
8. 我正面對人際關係的衝突，難於表達立場 / 需要。	1	2	3	4

	完全沒有	有時	經常	大多時
心思意念				
9. 我花大部分時間面對錯誤，多於面對現在 / 將來。	1	2	3	4
10. 我沒有動力開始工作，要在壓力下才可做事。	1	2	3	4
11. 我容易被事情困擾，常困在不快樂之中。	1	2	3	4
12. 我常常感到內疚。	1	2	3	4
身體狀態				
13. 睡眠不足。	1	2	3	4
14. 營養不足，食無定時，依賴零食。	1	2	3	4
15. 缺乏運動。	1	2	3	4
16. 時常處於太過嘈吵、過冷、過熱或要吸食二手煙的環境。	1	2	3	4

計分方法

請將選擇答案的數字按題號填在空格裏，然後把分數加起來，填在「合計分數」欄內；最後將每項範疇的得分加起來，成為你壓力狀況的總分。

	答案及分數				合計分數
工作	1	2	3	4	
人際關係	5	6	7	8	
心思意念	9	10	11	12	
身體狀態	13	14	15	16	
				總分	

不同壓力範疇的得分，正顯示你的生活壓力水平。若個別分數高於 10 分，就要特別注意及加以改善。

情緒反應

在過去兩星期或多於兩星期，你是否常常有以下的感覺或情況？

1. ○ 感到悲傷、低沉和鬱悶。
2. ○ 對工作、嗜好和任何活動都失去興趣。
3. ○ 胃口很差或有暴食的傾向。
4. ○ 失眠（在牀上超過一小時仍未能入睡、易醒、早醒）或過度睡眠。
5. ○ 容易疲倦，體能 / 工作能力下降，不願活動。
6. ○ 活動量和説話減少，動作遲緩或坐立不安。
7. ○ 逃避與人接觸，對性生活失去興趣。
8. ○ 精神難以集中，記憶力減退，難以做決定。
9. ○ 常感覺無能、無助，或經常自我批評。
10. ○ 對人生感到悲觀和絕望，甚至出現尋死的念頭。

若上述十項情況中，曾經出現四項或以上的反應，顯示壓力達非常困擾的程度，甚至有抑鬱傾向，可能已影響個人生活、家庭和學習，有需要尋求專業人士的協助。

壓力事件自我適應評估表

(Social readjustment rating scale) (註 1)

請剔出過去一年內曾發生的事件。

	事件	LCU 分數
1.	配偶逝世	○ 100
2.	離婚	○ 73
3.	分居	○ 65
4.	入獄	○ 63
5.	至親逝世	○ 63
6.	受傷或生病	○ 53
7.	結婚	○ 50
8.	遭解僱	○ 47
9.	再婚	○ 45
10.	退休	○ 45
11.	家中成員健康狀況有變化	○ 44
12.	懷孕	○ 40

事件	LCU 分數
13. 性的難題	○ 39
14. 家中添了新成員	○ 39
15. 事業重新適應	○ 39
16. 經濟轉變	○ 38
17. 摯友逝世	○ 37
18. 調職	○ 36
19. 與配偶爭論次數改變	○ 35
20. 超過五萬元的按揭	○ 31
21. 贖取抵押品的權利被取消	○ 30
22. 職責的轉變	○ 29
23. 子女離開家庭	○ 29
24. 與配偶父母的煩惱	○ 29
25. 傑出的成就	○ 28
26. 妻子開始工作或停止工作	○ 26
27. 入學或離校	○ 26
28. 生活程度的轉變	○ 25
29. 個人習慣的改變	○ 24
30. 與上司的煩惱	○ 23

事件	LCU 分數
31. 工作時間或條件的改變	○ 20
32. 搬遷	○ 20
33. 轉校	○ 20
34. 娛樂的改變	○ 19
35. 教會活動的轉變	○ 19
36. 社交活動的轉變	○ 18
37. 五萬元以下的按揭或貸款	○ 17
38. 睡眠習慣的改變	○ 16
39. 家庭團聚次數的轉變	○ 15
40. 飲食習慣的轉變	○ 15
41. 度假	○ 13
42. 聖誕節	○ 12
43. 輕微違法	○ 11

生活轉變單位

生活的轉變單位（Life Change Unit，簡稱 LCU），是醫學研究人員賀姆斯（Thomas Holmes, 1967）用來計算一般成年人在遇到日常壓力事件時，生活上所受的影響程度。當生活中發生重要事件，在一段時間內，壓力累積到一定水平，會令人出現壓力病徵及相關的問題。上述 43 項一般人會遇到的事件，包括一些壓力極大的事件，如家人離世，亦有一些較為輕微的，如習慣改變。大部分事件屬不如意的負面困難，亦有一些是正面事情，如結婚、傑出的成就及度假等。而在這個壓力排行表中，首三位均與婚姻關係相關——配偶逝世的 LCU 為 100，離婚的 LCU 為 73，分居為 65。

計算方式

試運用以上的自我適應評估表，將剔出事件相應的 LCU 加起來成為總分。根據賀姆斯的研究，若總分在 150 以下，屬可接受的程度，發生嚴重健康問題的機會較微；若在 150 至 300 分之間，發生問題的機會升至五成；若總分在 300 以上，研究估計有八成機會出現嚴重的健康問題。

壓力的影響

壓力如何影響我們呢？試想像以下情況：當你獨自在公園散步，迎面遇見一羣野狗向你跑過來，你會有什麼反應？又或者早上趕着上班的時候，當你快要到達巴士站，卻見到你要乘搭的巴士即將開走，你要全速追趕，這時候你又有什麼感覺？

當一個人遇到驚惶或緊急情況時，心跳會加快，身體會預備應付任何突發事情，例如站直、準備大打出手，又或飛奔離去。美國生理學家肯農（Walter Cannon, 1915）將這些身體變化稱為「戰或逃的反應」（fight or flight response），是一種本能的自然保護機制，使人可以應付突如其來的危險狀態，就像「條件反射反應」般自然及直接。

壓力對身心健康有什麼影響呢？早期對壓力的研究，主要是研究動物處於極度惡劣環境中的反應。「壓力源」指一些引發生理、情緒和行為上轉變的外在惡劣環境的刺激。這些反應主要由神經及內分泌系統主導，通過中樞神經、腦下垂體及腎上腺，分泌一系列與壓力有關的荷爾蒙。例如腎上腺素能刺激身體各部分的反應，使人處於準備作戰的狀態。這些身體反應，包括心跳加速、血壓上升、肌肉收緊、流汗；心理反應則包括害怕、焦慮、疲勞、難以集中精神和作出決定，引致的行為反應就如工作效率下降、容易出錯或發生意外、胃口和睡眠規律有所改變等，亦容易出現要以服用藥物、吸煙或飲酒等行為「減壓」的表現。

壓力是生活的一部分。完全沒有或太少壓力，會令生活缺乏動力，影響學習和工作水平。適當的壓力能激發人有較佳表現。不過，每個人承受壓力的程度有異，要是壓力過高，我們的身體無法應付，便會減慢反應及影響表現。現實生活中，不同的長期壓力，對人能產生相類似的反應，這種非特定的緊張狀態，心理學家沙利耶（Hans Selye, 1936）稱為全身適應症候羣（General adaptation syndrome, GAS）。

壓力對身心的損害

在持續承受壓力的過程中，身心反應可分為三個階段：

1. **警覺期（alarm stage）**——人體的中樞神經系統察覺壓力源的存在，並開始採取反應，引發類似「戰或逃的反應」；

2. **適應抵抗期（resistance adaptation stage）**——身體各方面處於適應階段，以應付外在的要求，調節整體的功能及表現，逐漸達至最佳狀態；

3. **疲乏期（exhaustion stage）**——長期應付連續的壓力令整體的調節及適應系統失調，使身體無法作出準確的反應，大大減低對疾病或壓力源的抵抗力，甚至身心機能產生毛病。

壓力會令肌肉收緊，容易引致頭痛、頸膊痛及背痛，亦會使血壓及膽固醇增高，減低身體免疫系統的能力，相對增加患病機會。而長期壓力可能引致一連串的身體病症，例如高血壓、心臟病、胃潰瘍及關節炎等。

長期壓力下的全身適應症候羣

（General adaptation syndrome under prolonged stress）

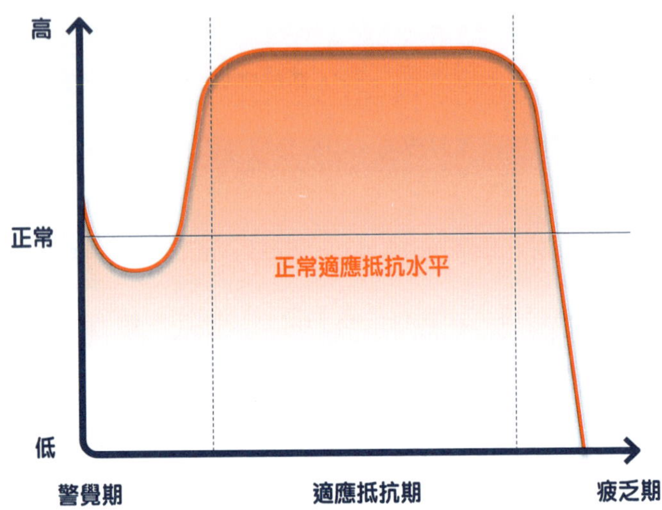

面對壓力的反應

如何理解產生壓力的過程？當生活中擔子愈來愈多，使個人或家庭無法應付，便可能產生壓力。就像蹺蹺板一樣，當一邊的負重太多，整體的平衡失調，對個人及家庭便會產生影響。

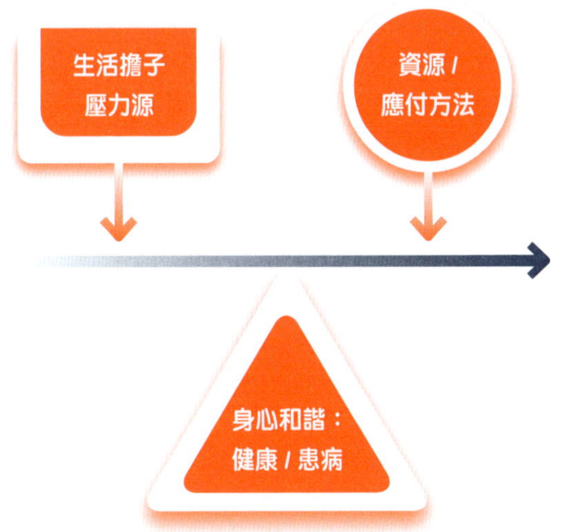

以往許多動物實驗研究總結出一些壓力模式（Animal stress model），解釋了壓力的產生過程。原有理論假設了壓力源及壓力反應的必然性因果關係，似乎未能完全解釋人類多樣化的壓力經驗。心理學家拉薩魯斯（Richard Lazarus, 1984）的研究指出，壓力是一個動態及互動的過程，意思是即使面對同樣的困境 / 壓力源，不同人會產生不同的反應。個人對壓力的評估（Cognitive appraisal），分為環境的初階評估（Primary appraisal）和個人應付（coping）的進階評估（Secondary appraisal)。這兩方面的評估幫助界定所處壓力的嚴重性，亦因此有助當事人調校應變策略以解決當前的問題，評定壓力為正面、負面或「無相干」。

例如，某人應付平日的測驗時輕鬆自如，但期末大考可能感到極大的壓力，而其他同學卻不覺得算什麼一回事。由此可見，面對考試壓力，人人反應不同。以下圖表解釋了如何評估壓力：

壓力的互動評估模式

(An interactive & appraisal model of stress)

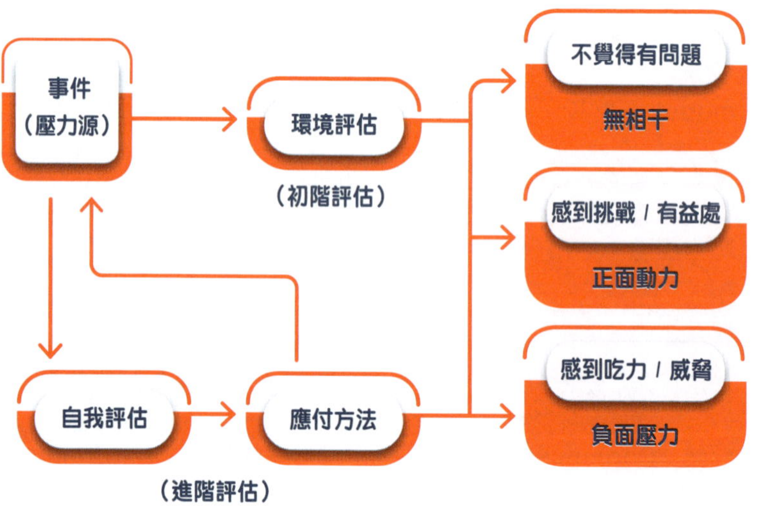

你會應付壓力嗎？

這個測試有助你了解自己應付問題的方法。

一般來説，當你面對困難時 ——

	完全沒有	有時	經常	大多時
1. 你會作額外行動嘗試解決問題。	1	2	3	4
2. 你會打算或計劃下一步行動。	1	2	3	4
3. 你會專心解決眼前的問題。如有需要，會放下其他事情。	1	2	3	4
4. 你不會輕舉妄動，直至情況許可。	1	2	3	4
5. 你會找能實際幫助你的人商量。	1	2	3	4
6. 你會向其他人傾訴你的感受。	1	2	3	4
7. 你會學習接受這個問題成為生活的一部分。	1	2	3	4
8. 你會嘗試在問題當中尋找正面意義。	1	2	3	4
9. 你拒絕接受問題已經發生。	1	2	3	4
10. 你覺得情緒低落，並且經常將情緒流露出來。	1	2	3	4
11. 你會放棄嘗試爭取自己想得到的。	1	2	3	4
12. 你會將注意力轉移到工作或其他活動上。	1	2	3	4
13. 你會飲酒或服用藥物令自己感覺好過點。	1	2	3	4

計分方法

問題 1 至 5 是以行動為重心的應付方法，問題 6 至 10 則代表以情緒為重心的應付方法，而問題 11 至 13 顯示逃避式的應付方法。將個別範疇的合計分數除以題目數量，便得到相對的平均分數。平均分數較高的項目，反映個人平日應付問題的取向。

答案及分數						合計分數	平均分數
行動	1	2	3	4	5		
情緒	6	7	8	9	10		
逃避	11	12	13				
					總分		

應壓方式

綜合壓力評估的結果，顯示個人應付壓力的方式。應壓方式大致可分為兩類：面對問題（approach）或逃避問題（avoidance），抑或以解決問題（problem-focused coping）為重心或應付情緒（emotion-focused coping）為重心。筆者嘗試借用傳統中醫的理論，按照平衡的觀念，將應付問題的方式分為「涼」和「熱」兩種策略。所謂「涼」，是指冷靜、退一步思考和計劃的方法；「熱」則指憑即時反應、較衝動、着重感覺和較缺少反省的方法。在涼熱之間，似乎不能説孰好孰壞，重要的是着重兩者互相平衡和處理的彈性。

一般人認為解決問題、思考計劃，比逃避或以情緒為重心的解決方法為佳。根據傳統的理論，**壓力的發生源自個人對環境失去控制（loss of control）**，或對將來感到無法預測（uncertainty），例如突然失業或患上重病。面對壓力時，若能平衡問題重心與情緒重心，即所謂「涼」和「熱」兩種應付策略，既能正面解決問題，又能舒緩情緒，必能更有效地面對人際和生活的壓力。

人不能控制自己的處境，不一定導致壓力產生。在我們的生活中，有不少困難是無法即時解決，甚或永遠不能改變，若能學習適應或接受，必然比強迫自己解決問題為好。

人類自古有一種所謂順應自然、親屬相依的生活智慧。當科學文明沒有今天發達，人們還未能主宰生活中的很多範疇，依賴的就是上天的恩澤和親人的關照；而現代文明的發達，令人在生活上更易於控制，自然更多依靠自己和科學，卻很難接受人是有限制的。人類對於生命不自量力，意圖操控一切，對於無法合乎己意的事，感到不滿與執著，結果為自己帶來無止境的痛苦。**在個人主義的時代，人的控制欲無限膨脹，換來是健康的虧損和人際關係的矛盾衝突。人可能需要重新學習這種順應自然的智慧。**

家庭與工作的拉扯

秀智在中學任教通識科已有七年。最初的幾年，她對教學充滿熱誠，也感到滿足。但隨着時間過去，這份熱誠逐漸減淡；而她與同事經歷了不少權力的競爭。校長本來透露有意擢升她為科主任，令她更感壓力。隨着通識「殺科」，前路變得充滿未知。

她與丈夫的溝通欠佳，家庭角色分配不平衡，覺得丈夫未能為她分擔工作上的不如意，亦未能幫忙做家務和照顧孩子。她對學校的工作和在家中的角色都感到很大壓力，開始難以適應作為雙職婦女的責任與壓力。

秀智正身處於一次生命危機中。當生命的狀態位於身心耗損的一端，個人靈性就像是割裂的靈魂（disconnected soul），只能感受到生活困難和痛苦。她懷疑自己的價值，既看不見過去幾年的教學成就，還自覺不是稱職的老師。此外，她未能感受到身邊支援自己的關係：丈夫無法明白自己的辛苦，同事間又充滿着明爭暗鬥，她似乎是孤單彷徨地應付生活的擔子，無法在生活中找到安慰和舒一口氣的空間。她內心有一份內疚和歉意，覺得未能好好照顧兒子，亦覺得欠了校長一份人情，未能報答校長對自己寄予的厚望。秀智只能僅僅應付眼前短暫的需要，不敢有過多的期望，至於人生理想更是遙不可及的奢想。

秀智面對教育工作的轉型、學校同事間的不和，還有教育政策改革帶來的工作重擔和張力，令她一時間無法適應。她需要靈活地應用「涼」和「熱」兩種應付策略。「涼」的策略，如計劃如何進修、為自己增值，學習主動與較為信任的同事建立關係等；不過，這類「問題重心」的解決方法，往往需要較長時間，故需要「熱」的策略作為平衡。「熱」的策略，包括向家人尋求情緒支援、向教會朋友傾訴和請求代禱，自己亦要對未能控制的因素抱放開的心態，知道信仰的位置，將事情交托和得着支援。

家庭是應對壓力的阻力，還是助力？

除了生活中的外在事件，**個人和家庭的生活形態與生活模式，都間接影響我們面對壓力的反應，長遠更會影響個人成長。**例如，我們對性別角色的觀念，可能受到傳統性別角色定型的影響，如存在「男主外，女主內」、「一家之主」等固有期望，這對於男性和女性的發展皆沒有好處。曾有研究比較廣州和香港兩地父親的生活壓力狀況，父親是家庭中主要的經濟和權力的主導者，面對經濟、工作及子女管教的壓力相當高。愈相信傳統男性角色的定型，承受的壓力愈大，令他們很少尋求外間的支援，而和諧的夫妻關係有助減低父親的家庭壓力。有效的溝通和平等的家庭關係，不單減少家庭衝突，在遇到生活和經濟危機時，更能成為減輕壓力的緩衝區。

基督教家庭服務中心於 2003 年委託香港大學社會科學研究中心，以電話訪問了 519 個本地成年人，當中三分一受訪者表示過去一年生活壓力變化很大或頗大。出現生活壓力的主要來源，依次為「工作」、「經濟」、「健康 / 疾病」、「子女」及「學業」等。約五分一受訪者在精神上受到困擾，三分一人在過去三個月出現「疲倦」、「腰瘆背痛」、「頭痛」。受困擾的人士中，女性比例較高，但失業對男性的影響也不少。

同期，香港家庭福利會亦對尋求援助的家庭個案作深入的研究。在 248 個受訪個案中，一半以上人士表示超過一年以上承受極大壓力。壓力的主要來源依次為：「個人情緒 / 精神困擾」、「經濟壓力」、「婚姻問題」、「子女教養」及「工作」等。

20 年過去，經歷社會事件及疫情的香港家庭，仍面對沉重壓力。2021 年，香港理工大學訪問了 1,020 個家庭，當中有 11 至 18% 家庭因疫情而產生心理創傷徵狀，約 40% 父母面對沉重的財政壓力；約 25% 父親、30% 母親及 30% 子女的負面情緒屬中等及嚴重。研究發現，父母面對壓力事件、日常生活改變和財務帶來的心理創傷愈大，家庭抗逆力、婚姻滿意度、親子關係、生活滿意度及自我效能感愈差；而親子心理操控、親子衝突、個人負面情緒和絕望感則愈嚴重。至於一般香港市民，壓力仍有加無減，2022 年有關港人的工作壓力調查，仍高於亞洲其他地方如日本、南韓、台灣等地（Gallup, 2022）。

層出不窮的工作壓力

如果只聚焦於教師這個行業，過去 20 年香港的教育界有很多重大改革，教師已成為高壓力的職業。過去幾個本地的研究，描繪了一幅令人憂慮的圖畫。早於 2003 年香港教育專業人員協會的研究顯示，超過 1,300 名受訪中小學教師中，有七成多教師覺得工作壓力很大。感到最低成效的工作擔子，包括應付教統局的視學、應付非教學工作、處理家長的要求等。列出的重大工作壓力源頭，包括朝令夕改的教育政策、繁重的非教學工作、不斷增加的社會期望、各種各樣的教育進修（包括基準試）、管理層的要求、縮班的危機等。

要回應眾多的擔子，超過三成教師每天工作 12 小時，另外亦有超過三成教師的工作時間介乎 11 至 12 小時之間。大約七成教師每天都要超時工作，三成教師每週都沒有休息日。若現時的壓力情況再增加，四分之一教師表示會離開教職，八分之一會考慮提早退休，只有四分之一表示不會離開。

香港健康情緒中心 2004 年的研究，在 2,000 位隨機抽訪的中小學教師中，發現接近兩成出現抑鬱症的徵狀，超過一成有經常焦慮症，有 8% 的教師同時有兩種情況。探討工作壓力的源頭，不只來自工作中整體教育改革及教統局對學校評估，亦有來自家庭、供樓和負資產等經濟壓力。情緒上受困擾的教師中，超過六成沒有尋求專業援助。

疫情下大部分教師，更要應付混合模式網上教學。香港教育工作者聯會於 2022 年的研究調查顯示，受訪的 953 名中學教師，四成以上每週工作逾 60 小時，兩成以上更高達 71 小時。即平均教師每日工作逾 10 小時，教師疫情下的工作壓力指數亦上升。85% 教師感到工作壓力大，和 2021 年相若。壓力多源於行政工作、教學、政策要求增多，還要應付學生的情緒問題。

哪裏是出路？

秀智遇到生命的混亂，人生失去目標，心靈乾涸無力，身心狀況處於耗損的一端（頁 26）。如果她要擺脱生命的困境，尋索出路，需要經過身心醒覺，使她作生命的重整。從迷失和混亂的生命中，發現身心重整的重要和方向，包括：

1. **結構性**：發現自己思想、情緒和行為的關係；
2. **處境性**：發現身邊人事和自己的關係；
3. **時空性**：發現自己過去、現在與將來的關係，例如發現自己偏執的思想方式、以往忽略了家人、人生價值與方向的重整等。

作為雙職父母，她要反省可能出現張力的地方。例如，與配偶在家庭分工的角色，照顧家人及做家務的責任落在誰身上？除了正面爭取溝通及關係支援的空間，如何在時間運用上尋找額外的空間？

你有否同樣出現過心靈乾渴的狀況，嘗試檢視自己的內心世界，有什麼出路，可以幫助你逐步回到身心和諧的地步。

改變生活模式——時間管理及情緒行為調校

面對時間壓力、管理個人的生活模式，不單要從照顧身體及心靈狀況着手，亦要講求整體生活不同範疇的關注和時間分配。客觀而言，每個人一天都擁有 24 小時，人人平等，然而對於時間的分配和運用，卻可帶來完全不同的效果。

掌握時間的心態（註 2）

請以「是」或「否」回答以下問題：

	是	否
1. 於早上處理最有難度的事情。	○	○
2. 列出一天必須處理的事務。	○	○
3. 需要時，對別人提出的要求說「不」。	○	○
4. 需要時，對別人提出的邀請說「為何」。	○	○
5. 覺得上司與高層職員不會比你更浪費時間。	○	○
6. 將事情排列重要程度，按先後次序處理。	○	○
7. 接受他人沒有預算的打擾。	○	○
8. 將工作要處理的文件或文書紀錄減至最少。	○	○
9. 經常將公司工作帶回家中，於晚上或週末處理。	○	○
10. 選擇自己完成工作，多於考量怎樣將工作分配給他人協助完成。	○	○

問題 1，2，3，4，6 和 8 能助你有效運用個人時間，而問題 5，7，9 和 10 可能跟你未能有效支配時間有關。

我們應學習如何好好管理個人的時間，讓自己成為時間的主人。

首先要改變對時間的心態，或各樣「時間陷阱」的迷思，如「今天晚上我只要稍微晚一點下班，就可做完每件事」、「工作時間愈長，工作愈有成績」等。要留意工作時間過長的原因，是否「私事太多」、「過分承諾」或「晚上睡眠不足」，影響了工作的集中力與效率；又或是否技巧上「整理不夠充分」及「欠缺有效工具」，以致工作未能達到更高的成效。這些都是常見引致工作上時間管理不善的問題，接着就改善方法作討論。

既然人人均擁有相等的時間，分析每天的時間表，便可從中了解和找出個人運用時間的模式。可使用類似以下的列表，記錄過去一星期的時間分配，如活動的名稱、開始時間，以及時段長度。現在先以秀智的時間表為例。

秀智的時間表

開始時間	活動／事件	時段長度（分鐘）
07：30	到達學校，食早餐	15
07：45	看新聞網頁	15
08：00	回教員室，閱讀電郵／文件	7
08：07	兒子David來電	3
08：10	閱讀文件	8
08：18	同事阿May經過，傾談	5
08：23	閱讀文件	7
08：30	編寫教學會議紀錄	30
09：00	科目部門會議	90
……		
……		
……		
18：00	放工，乘巴士回家	60
19：00	煮晚飯	60
20：00	與家人一起食晚餐，看劇集	90
21：30	清理、清洗碗碟	20
21：50	看劇集、新聞	80
23：00	料理家務	30
23：30	洗澡	15
00：00	準備睡覺，與丈夫傾談	20
00：20	睡覺	6 小時半

完成了這個時間紀錄表，可以從中計算工作與照顧家庭的時間比例，察看有否出現上文所述時間的陷阱迷思？

你曾否停下來細想：你的一生有多少時間，又打算花多少時間在不同的事情上？假設你有七十歲，你估計一生有多少時間花在日常的活動上，如工作、做家務、照顧家人、睡覺、娛樂、吃東西、乘車或休閒活動等？

當我們留意生活中的時間運用，便可因應個人需要作出合宜的選擇，減少一些不必要的事，或將不能完全排除的事情予以簡化，以致增加可用的時間。例如，減少煲劇的時間，換來更好的時間運用，如找朋友聊天吃飯、與丈夫約會，或親子活動等。

在城市生活，很多時會受到時間壓力，如排隊等車、交通擠塞、輪候餐廳。若能選擇與大部分人不同的習慣模式，例如彈性上班時間，提早半個小時上班下班，就能避開繁忙時間的擠迫，可節省不少時間。

我們也可改變一下購物模式以節省時間，例如看電影前預先上網訂票，不用即場排隊，開場前便有空散散步輕鬆一下，又或與家人先吃晚餐。若無法避免要排隊時，也可在等候時看書或聽音樂。在資訊時代，若能善用科技和資訊的好處，如網上購物、購票、電子繳費等，能大大增加了我們運用時間的彈性。

除了一些外在的選擇，我們須配合個人心態，以達最佳效果。例如，學習合理地拒絕他人沒有預算的打擾，對同事說「不」、合適地拒絕朋友/同事的邀請。無論在公司或家中都要學習分配工作，或找他人協助，保留空間給自己，不要成為「過分承諾」的人。

過往忙着工作生活，在疫情下，大部分人都從以往的生活模式慢下來，而這改變可能出現兩種極端的困難。由於在家工作，家庭與工作的界線模糊，工作文件名正言順地搬到家中，個人電話變成工作的溝通工具，社交媒體也加入了工作的羣組。過去學會的一套時間管理，能應付現今的新常態嗎？我們的工作模式真的沒有選擇嗎？

另一方面，疫情重創經濟及多個主要行業。部分僱員承受不住壓力裸辭，亦有打工一族飯碗不保，被失業或放無薪假。當放下從前佔據生活的擔子，有沒有慢下來，重新學習過生活，整理一下身心狀態？

壓力下的契機

秀智使用了「情緒思想行為事件簿」（參下頁），透過認知重建（cognitive restructuring）的練習，了解自己內心的思想、情緒與外在行為的關係。她開始從以往「熱」的應付策略，如依賴即時反應、想法，較衝動、着重感覺和較缺少反省的方法，嘗試調節，加入「涼」的應付策略，即冷靜、退一步思考和計劃的方法。當她平衡了「熱」和「涼」的應付策略，便再次檢討內心的感覺。這些不同的認知視點反思，帶來向內及向外的醒覺，由身心耗損的狀態，趨向身心較和諧的狀態。再讓秀智連繫個人、外在資源，協助她重整與尋找轉危為機的出路。

秀智再次認識自己過去、現在與將來的關連。年輕時的她盼望將來以建立青少年作為事業方向，於是大專時主修輔導，以助人的職業為志願。秀智喜歡關心和接觸學生，看見學生的成長和進步，能帶給她很大的滿足感，亦以此為教學上最大的成就，但投入教學工作數年後，面對大量的行政事務及同事間的惡性競爭，令她認識自己在工作上的限制。當她更開放地將自己的感受和想法向教會的朋友分享時，為自己增加一點支援。朋友對她的鼓勵和回應，令她感到被了解，也讓她擴闊了角度和心態，重新明白並評估自己的生命，加上信仰的支持，內心重獲一份安靜和平安的感覺。

在迷失和混亂時，透過過往經歷重尋生命豐富的心錨（詳參第 8 章），確定個人自尊的基礎，確立家人和朋友的連繫，尋找和再思人生價值與目標，便會向着新的目標再上人生路。

情緒思想行為事件簿

壓力事件	當下的想法 (判斷 / 期望) (「熱」的想法)	當時的反應 (情緒 / 行為) 嚴重性(1-100 分)	
晚上回家，叫丈夫幫忙料理家務，他沒有理會我。	• 他當我「無到」 • 他不關心家人 • 我是個不可愛的人	• 憤怒(80 分) • 失望(85 分) • 覺得自己無用(90 分)	
上課時，班裏有學生搗亂，有的偷偷玩遊戲機。	• 學生實在目中無人 • 不分尊卑 • 學生不珍惜機會 • 學生甘願浪費時間，不顧前程。	• 憤怒(80 分) • 失望(100 分) • 覺得自己幫不到學生(70 分)	
學校有很多無心向學、只愛睡覺的學生。	• 這些學生無藥可救 • 學生只是喜歡容易的東西，不愛學習。 • 學校根本照顧不到這些學生	• 憤怒(80 分) • 失望(100 分) • 灰心(85 分) • 覺得自己無用(90 分) • 覺得自己幫不到學生(90 分)	

	有什麼證據支持這些想法？	可以有什麼不同的想法？（「涼」的想法）	換了不同想法後的反應（情緒 / 行為）嚴重性（1-100 分）
	• 他職位和學歷比我高 • 大多時間是我幫孩子溫習 • 他只顧做自己的事 • 他很少向我笑	• 他在公司忙碌，十分疲倦。 • 他心情不好，沒有回應。 • 孩子亦喜歡與他玩 • 每天與丈夫有深入傾談	• 憤怒（40 分） • 失望（25 分） • 覺得自己無用（45 分）
	• 免費教育制度失敗，使學生不懂爭取及珍惜學習機會。 • 物質豐富的世界，社會急功近利的意識，使學生不看重長遠的知識發展。	• 可能學生未踏出社會，未嘗過賺錢辛苦的滋味。 • 父母未能影響子女建立正確的價值觀 • 五花八門的流行事物，令學生覺得讀書是無趣的。	• 憤怒（60 分） • 失望（90 分） • 覺得自己幫不到學生（30 分）
	• 學生不把握機會改過 • 學生只是喜歡運動或課外活動 • 自己曾經用心教導這些學生 • 學生不參與課堂的學習	• 這些學生可能是傳統教育制度下的犧牲品 • 學生有自己的潛質可被發掘 • 除了課堂授課方式，可能有其他另類的學習方式。 • 自己可以參與學生輔導，發掘個別同學的能力，引導他們成長。	• 憤怒（50 分） • 失望（40 分） • 灰心（30 分） • 覺得自己無用（20 分） • 覺得自己幫不到學生（30 分）

總有出路

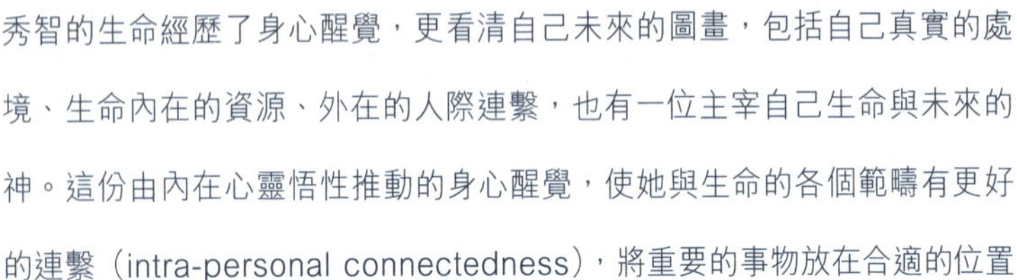

秀智的生命經歷了身心醒覺，更看清自己未來的圖畫，包括自己真實的處境、生命內在的資源、外在的人際連繫，也有一位主宰自己生命與未來的神。這份由內在心靈悟性推動的身心醒覺，使她與生命的各個範疇有更好的連繫（intra-personal connectedness），將重要的事物放在合適的位置上。

她學習爭取個人時間，讓自己有反省和聆聽內心的空間。這是她從信仰經歷中，獲得靈性更新和內在動力的源頭。她重新安排和家人相處的時間，以培養更深的感情、建立家庭關係及鞏固夫妻間的互相支持。

工作方面，在配合家庭需要的同時，秀智為自己訂立教學進修的計劃和時間表。在未來工作的路向上，她期望在學校參與學生輔導的工作，盼望探索新的方向和可能性，亦讓自己的潛能得到更大的發揮。整體而言，秀智為自己的生命重新定位，嘗試將內外的旅程歸於一致，邁向身心更滿足和諧的狀況，再踏生命征途。

壓力與 A 型性格

一般人日常對健康的關注，主要集中於飲食營養、運動習慣等，卻忽略了都市化的生活方式，如一些心理和行為模式，甚至人格傾向，亦能引發很多都市病。如冠心病就成了現代城市的頭號殺手之一。過去數十年的研究證實，不良的生活壓力、「A 型人格」、容易被激怒及對人產生敵意等，都是引致冠心病的主要心理高危因素。

A 型的行為傾向（Type A behaviour pattern）（Friedman & Rosenman, 1974），俗稱「忙亂症」，是典型都市的主流生活方式。

為適應分秒必爭、高效率及競爭的生活，人們容易身不由己地陷於忙亂之中。隨着急速的生活節奏，「A 型人格」的人傾向表現不耐煩、對人帶侵略性和敵意、容易被激怒、不善於控制及處理負面情緒等。他們似乎表現得滿有信心，內裏卻缺乏安全感，很容易感到罪疚、害怕挫折。「忙亂症」的人不只出現上述的 A 型的行為傾向，更因身體長期處於壓力引發的作戰狀態，對心臟和血管系統造成一定的負荷，增加患上冠心病的機會。

持續應對壓力

偉恆是「A 型人格」的典型例子，他過分着重控制、以事務為重心的處事方式，引致同事間人際關係的張力。他在失業初期，沒有因對前途失去掌握而感到壓力，反而把握機會學習更和諧地運用不同的應付策略。他沒有放棄尋找工作（問題重心的應付方法），也有良好的家庭支援（情緒重心的應付方法）、信仰價值與個人對事件的理解（初階評估）。

但壓力的反應並非一個靜止的過程。隨着失業的情況持續一段日子，偉恆開始擔心一家人將來的生活，也對自己失去信心，情緒受到困擾，過重的壓力甚至令身體的免疫力減弱。這時候，以情緒為重心的應付方法，例如找家人、朋友訴訴苦，似乎有助他面對當前的混亂與迷惘。而他的宗教信仰、教會朋友的支持，都是他靈性方面擁有的資源（進階評估）；這些支援，能幫助他適應生命中的轉變，從低谷重新站起來。偉恆正探索網購、物流送貨和在大灣區發展生意，期望把握新常態的機遇。

學習放鬆

在忙碌的都市生活中，最好能安排讓自己放鬆的時間。鬆弛是對抗壓力的良方，壓力對身心造成的影響，正可以藉放鬆運動去舒緩。例如壓力使人心跳加快、血壓升高和肌肉緊張；放鬆運動剛好相反，能緩和心跳、減低血壓、放鬆肌肉。

很多典型「A 型人格」的人，由於長期處於壓力之中，已習慣受壓的感覺，可能依賴壓力荷爾蒙去生活。對這些人來説，不容易分辨緊張和放鬆的感覺。**想突破這種生活模式，便要養成定期放鬆的習慣，讓身體適應不同的鬆弛方法或運動。**

每個人放鬆身心的方法可以很不同，有人喜歡聽輕音樂，有人選擇做運動，又或者到大自然之中安靜或靜思。以下是一個簡單的放鬆練習，讓人有意識地、漸進及有系統地留意身體各部分的感覺，學習放鬆肌肉。

1. 選擇舒適的坐姿或躺臥的位置。閉上眼睛，慢慢地深呼吸，留意每次吸氣和呼氣的感覺。

2. 感受自己雙腳或身體接觸地面，腳趾並靠的感覺，又或者雙手放在大腿上的感覺。

3. 將注意力順序從頭部逐漸轉移到頸和肩的肌肉上，然後是手和手臂，接着是胸、腹和背部的肌肉，最後是腿和腳。

4. 先收緊肌肉，然後放鬆，感受一下兩種情況的分別。

學會應付壓力

經濟轉型帶來的衝擊已是不變的事實。偉恒急躁的性格和緊張的同事關係，可能源自他較明顯的 A 型行為傾向，使他容易不耐煩，完美的心態亦令他對同事有苛刻的要求。容易爆發的憤怒，令他無法忍受身邊人的批評。另一方面，他內心卻對自己充滿懷疑，缺乏自信，不懂得如何處理壓力。

當偉恒留意自己的壓力循環後，開始重新調節心態和生活規律。起初陷於失業的困境可能令他驚慌失措，但他再評估自己的經濟狀況後，考慮到家中的積蓄，以及太太仍然有穩定的工作等因素，知道短期內家庭財政應不會有太大困難，令他稍為放心。家人的支持也給予他情緒上很大的調節。

像偉恆這類 A 型行為傾向的人，如要決心突破壓力的惡性循環，就要在思想上下工夫，在尋找出路的同時，更應騰出空間讓自己改變一些行為模式，為前路作好準備。

秀智及偉恆面對的困境，都是都市化生活方式所帶來的問題。個人、學習、工作及家庭的張力，加上後疫情的新常態，各人在家工作和網上學習，令家庭變成了困獸鬥的戰場，又或是經濟的不景氣，為不同人帶來壓力。生活忙碌、社交距離限制，減少了人和人溝通的機會，大大增加了健康失調，以及人際衝突的情況。

急救壓力狀態

壓力無可避免，要突破壓力的惡性循環，可留意以下提出的心法和方法，學習正面處理壓力。

1. 心法

- 了解壓力的源頭和出現情況。是經常還是間歇出現？是來自外在環境抑或由自己加添？
- 找出壓力出現的規律。找到問題所在或壓力產生的規律後，學習以正面的態度處理問題，突破問題的惡性循環，尋求新的解決方法或請他人提供協助。
- 減少不必要的壓力來源。要減少因為完美心態或不自覺的忙亂所帶來的壓力，這些心態都會對身心造成長期的耗損。
- 愛惜自己，認清自己的限制，掌握選擇權。例如，改變一些生活方式，或離開一些會令自己痛苦的人或事。
- 保持身體的最好狀態，有充足的精神和良好體力，以準備隨時迎戰一些可預計的困難。
- 視壓力為成長的機會，不介意從失敗中學習，繼續改進自己。
- 留意一些可能阻礙自己的負面態度。例如，過分消極悲觀的心態、逃避問題或鑽牛角尖、因失敗而時常沮喪、覺得沒有任何外來支援、依賴不良嗜好。

2. 方法

- 培養良好飲食習慣。定時用餐，分量不過多或過少，攝取均衡的營養，避免進食刺激的食物。
- 多做運動和練習放鬆身體。
- 充足的休息和睡眠。有足夠的精神和體力儲備，使身體處於較好的狀態，以應付突發的事件。

3. 秘訣

- 正面的心態及合適的放鬆方法同樣重要。
- 對自己真誠，不要只為別人而活。
- 自我省察，了解壓力的根源。
- 了解自我限制及有什麼可改變。
- 尋找人際支援，不要獨自面對困難。
- 容讓自己從錯誤中學習，逐漸成熟。

註釋

1. 高聯基著、李兆康譯（1983）。《心理壓力：成長的動力》。香港：學生福音團契出版社。頁 18。
2. 改編自 Garratt, S.（1985）. *Manage Your Time*. London: Fontana Press. pp.14.

第 3 章

健康心理防護
—— 抗逆力

雖然困難與壓力是成長中必然遇到，也是無可避免的，但根據心理學及精神健康的研究（Rutter, 1985），我們可以發展「抗逆力」（Resilience）去應對這些情況。抗逆力是人類天生的潛能，是面對危機或困難的自然適應，是一股內在改變、自我校正及復原的動力。即使在不利及惡劣的環境下，抗逆力是保護人在青少年階段健康成長的助力。以往的研究發現，**能在逆境中克服成長障礙的人，關鍵在一些正面的個人或處境「保護因素」（protective factors），這些因素可以減少負面風險因素（risk factors）或問題的出現。**

抗逆力專家費思（Frederic Flach），將個人經歷壓力或逆境的過程，描述為正常破解與重整的循環（The Normal Disruption-reintegration Cycle）。逆境往往擾亂了正常生活的平衡，而抗逆力能幫助人從混亂和破碎中重新調整方向，在困境中再次站起來。抗逆力不只能幫助個人，也是羣體重回身心和諧狀態的力量。

過去的社會動盪、幾年的新冠疫情，再加 2022 年初，香港隨着其他地方出現 Omicron 疫情爆發，社會經歷百年一遇的考驗。

這時社會更需要抗逆力。社會羣體的抗逆力，可比喻為個人身體的免疫力，幫助個人從病情中康復的自身抵抗力。可惜「社會抗逆力」不是香港常用詞，是中國網絡討論的內容（房莉杰，2021）。當社會的焦點放在疫苗的羣體覆蓋率時，亦應留意提升羣體的心理抗逆力。過去疫情防控的重點，可能過於着重減少患病或死亡率，忽略了羣體的心理、行為和社會因素及因果，以致難以控制羣眾的恐慌反應，幫助社會的復原。

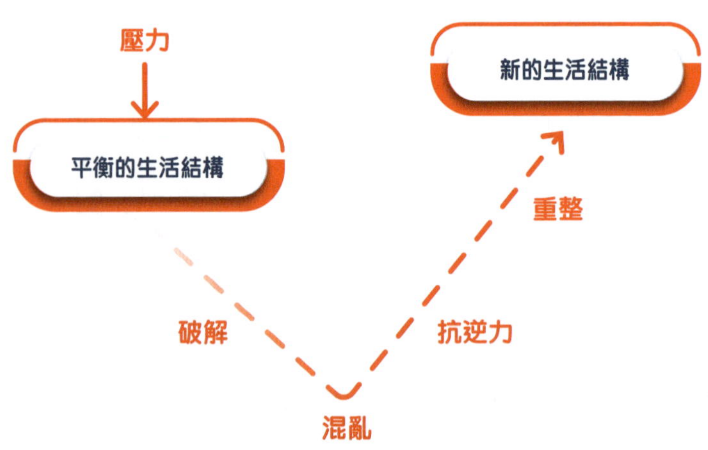

抗逆力的組成元素

突破機構過往有關培育青少年抗逆力的研究經驗，總結為簡稱 CBO 的架構（突破，2003）。在 CBO 架構中，抗逆力包含三大元素：

1. 效能感（personal competence, C）

這包括人的社交能力、解決問題能力、自省能力及自主感。社交能力是指人際技巧、適應不同文化的靈活性、能夠感同身受、有幽默感及溝通能力；解決問題能力指懂得運用資源和尋求幫助，具計劃的能力、創造力和批判力；自主感則指獨立行動、自制、掌控外在環境的能力。

2. 歸屬感（belongingness, B）

處身於受到照顧、備受支持的關係裏，又對這種關係存有期望並積極參與其中，人的歸屬感便自然而生。成長期的時候，最理想是擁有至少一個關心和照顧自己的家庭成員，有助培養積極的態度。在家庭成員以外，學校老師是最佳榜樣；師生關係可以不只局限於知識的傳授，為人師長更可以示範積極、自信的人格。

3. 樂觀感（optimism, O）

相信未來是光明、充滿盼望。樂觀的態度與具有清晰的目標有一定關係，包括計劃未來、定立目標、成長學習、主動及堅忍。

培育抗逆力

青少年成長中的重要跨代關係（significant intergenerational relationship），對於正面成長具有保護作用。**人就算成長於離異的家庭，或缺乏、惡劣的環境，只要有至少一位關係密切又獲其信任的成年人，便能成為少年人成長的指引，使他們正面地成長。**最重要仍是培養個人生命裏擁有內在抗逆特質，包括效能感、歸屬感以及樂觀感；而抗逆力亦受着外在促成因素（enabling factors）所引發，包括合理的高期望（high & reasonable expectation）、有意義的參與（meaningful participation）及愛與關懷（care & support）。

這些都是能力為本、正向關係發展的基礎，獲得正面的家庭價

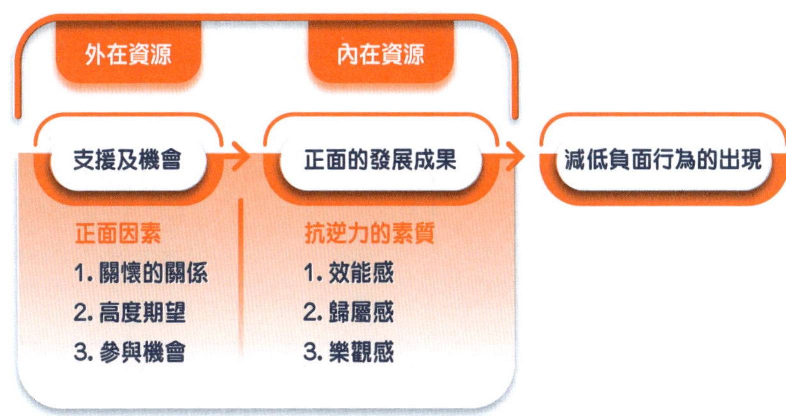

值傳遞，會發展出健康的人際界線及清晰的成長角色。我們常談論成年人與少年人的年齡代溝，卻缺少促進關係的討論。於《Click 進少年心》（*The Disconnected Generation*）一書中，麥道衞（Josh McDowell）提出六種連繫少年人的關係，都是培養抗逆力的因素，包括：

關係因素	給孩子成長的禮物	心法與手法
肯定	真實的感覺	容許及鼓勵孩子表達感受，包括負面情緒；父母亦應主動分享自己的感受。
接納	安全感	無論孩子成功或失敗，父母同樣表達愛他們；即使他們犯錯，學習將人和行為分開，仍表達對孩子的接納。
欣賞	有意義的感覺	即使平常的事，只要看到孩子的努力和付出，可具體表現稱讚的態度和行為；欣賞孩子的一些興趣習慣，亦尊重孩子的朋友。
愛護	可愛的感覺	學習以言語説愛孩子；多用觸摸和擁抱表達對孩子的愛和關懷；父母維持互相愛護的婚姻關係。
開放	重要的感覺	把握與孩子相聚的時間、溝通的機會；可能範圍內，容許孩子有自己的決定、選擇及私隱。
承擔	責任感	保持愛與界限（關係與權威）的平衡；在規範中，讓孩子學習承擔自己決定帶來的後果；當孩子犯錯，以自然和邏輯的方法解釋結果，把握每個機會，教導孩子承擔責任。

身心醒覺

我們可以從大自然獲取一點啟示，大自然向我們展示何謂抗逆的生命動力。在蝴蝶的生命周期，會經歷幾個不同階段的突變。蝴蝶的幼蟲是外表醜陋的毛蟲，內裏卻孕育着美麗的生命。生命成長總有脆弱、危險和困難；正如幼蟲蛻變成繭，雖然幼小，但危難中也會找尋安全的地方躲藏。**抗逆的生命動力讓幼小的生命不放棄，把危機轉化為成長的機會，把生命轉化和提升至更美的階段。**當蝴蝶用力破繭而出的一刻，我們看見美麗而堅韌的生命，更會讚歎造物主的奇妙。

上文討論秀智遇上壓力時（頁 77），要經歷身心醒覺的過程，才可回到身心和諧的健康狀態。如同生命的鐘擺，當鐘擺搖動到不和諧一邊，代表身心失去平衡，處於內在耗損的狀況；在生命的另一階段，當鐘擺擺至另一方，比喻返回身心和諧的狀況。抗逆力正是內在復原的正面保護力，可透過身心醒覺，從結構性、處境性和時空性的領悟，作出個人調節，讓身心回復和諧的平衡狀態.

- **結構性（structural）**：發現自己的思想、情緒和行為的關係；
- **處境性（contextual）**：發現身邊人事和自己的關係；
- **時空性（temporal）**：發現自己過去、現在和將來的關係。

在第 1 至 2 章討論的秀智、偉恆，在後疫情的新常態下，經歷身心醒覺的過程，發揮生命的抗逆力，慢慢擺脱面對困難時的負面狀態，開始進入另一個階段。

撕裂的關係，破損的抗逆力

在第五波新冠疫情之前，香港應對疫情表現似乎不錯，香港市民和醫療系統，從經驗中汲取教訓不斷進步，不少疫情都能化險為痍。其中 2003 年沙士疫情的困境歷歷在目，一班曾為抗疫付出和犧牲的香港醫護人員、市民等走過的路，成為今天抗疫路上的經驗和成果（謝錫金、岑紹基等，2004）。經歷 2003 年沙士疫症後，我們成了世界知名的防疫城市。而新冠疫情初期，香港整體的抗疫表現，憑藉全民配合戴口罩，令疫情控制尚算穩定。不像其他大部分城市，還要經過長時間討論，是否需要強制戴口罩，又或在收緊和放鬆限制之間，不斷循環（香港青年協會，

2021）。

然而疫情下的香港社會卻展現前所未有的不穩定狀態。在疫情初期，單單是購買防疫物資，羣眾因受到網絡各種資訊影響，普遍出現恐慌和不信任，使情況增添混亂。

這種人心不穩並非一時三刻的現象。後現代文化，人對權力抗拒，九七回歸以來，年輕世代缺乏自然正面的途徑，建立中國人的身分認同。以往幾代人的努力，換來今天香港的成就。上一代造就了社會的穩定和成果。而年輕世代更為看重社會的自由和言論空間。種種狀況，形成了世代衝突和撕裂，加上自上世紀以來，社會上累積不少深層次矛盾，貧富懸殊、兩代文化差異，本地人與新移民衝突等等矛盾張力，沒有獲得正視和合適處理。過去幾代人建立的社會凝聚和信任，在這些處境下給徹底破壞了。過去一段疫情期間，社會展示的泛政治動盪及羣體兩極化；網絡的資訊及社交媒體的兩極化，都加速了羣體的矛盾和撕裂。當然這些課題不能三言兩語能描述。

這幾年政治和生活空間收窄、關係撕裂、前路灰暗，確實衝擊個人內在的抗逆力。人羣習得集體的被動、疏離與無望，這恐怕會成為後疫情的一種心理新常態。

人際關係是我們的安全網。在經歷幾波疫情，以及大規模的移民潮，都展示了人們對管治的廣泛不信任。一旦遇上熱烘烘的政治議題，由社區、社交羣體、工作場所、學校、朋友和家庭，都出現不同程度的人際關係撕裂。環看後疫情的羣體關係、羣體支援和人際關係，變得脆弱不堪。看看身邊，過往認識多年的老朋友，在社交媒體的衝突和爭拗，而撕裂不單出現在朋友圈、同事間，甚至家庭當中。在爭拗和疫情後，羣體變得沉默、疏離，個人內心卻沒有回復平靜和諧。

面對撕裂的關係，人們如何判斷關係內，什麼只是一時的與短暫的，什麼是長久的和永恆的？我們應分辨事情先後輕重，不應在情緒主導下做出的判斷和決定。在我們身邊，誰是重要？不就是我們的家人、親人、朋友，同學和同事嗎？我們的生命，不就是由祖父輩、家人、一起成長的朋友，或多年認識的同學建立，成為今天的自己嗎？

當身心和諧受衝擊，要讓內心的一點聲音，喚起身心醒覺。幫助我們重新調校內心的想法和感受，審視身邊處境、判斷何謂重要的人和事，察看歷史和自然規律的循環，重尋生命的焦點。在這疫症大流行的世代，每人因着健康狀況不同，所需要的協助也不一樣。有人不願意打疫苗，有人不適合打疫苗，但也有些人打了一針、兩針和三針……，即使沒有接觸過新病毒，身體長遠也可以產生自然免疫。但面對社會整體的耗損狀態，恐怕已超過每個人所能承擔，如果社會是一個個體，能否有身心醒覺的一絲希望？

在我們的城市，如何促進青年人的個人抗逆力，從關係撕裂到重新修補與復和，從生命無望到見到希望曙光，從生活躺平到重新出發，十分重要。

第 4 章

良好人際連繫
——由裏到外的溝通

在 5G 資訊時代，能第一時間掌握最多資訊，確是一種優勢。但是，講求速度的同時，往往忽略了人情味。人與人之間減少了面對面的接觸，溝通變得抽離、機械式及非人性化。

在消費主義及服務行業成為經濟的主流趨勢下，工作要求少不免要有良好的溝通能力和服務態度。近年，工作上的人際溝通及技巧訓練，愈來愈受僱主的重視。這些訓練，傳統稱為共通能力（soft skill），多以應付工作和實用功能出發，卻未有顧及其他生活範疇的益處，以及個人長遠發展。

第 1 章討論到身心和諧的人能了解自己的需要、感覺和狀況，亦能將自己的思想和感覺清楚表達，並能確定別人明白及接收到自己的意思。其實，溝通過程並不止於此，**除了對外的人際溝通，還包括自我意識的內在過程，而這往往是一般溝通技巧訓練所忽略，但是更深遠影響個人健康的重要關鍵。**

內在的溝通旅程

人際相處和溝通就像外在的探險旅程。所謂「知己知彼，百戰百勝」，在外面世界探險，先要對自己有足夠的了解和認識，這內在的尋找自我旅程更為重要。每人對自己的注意及內省的傾向都不同，整體的個人自我意識，分為自我內在意識（私我自我意識，private self-consciousness）和自我外在意識（公開自我意識，public self-consciousness）。**內在意識包括留意個人的思想和感覺，亦會內省和檢視自己的動機和計劃；外在意識主要指留意個人外表和外顯的行為。**

自我內在意識

以下的練習能幫助你認識自己的意識傾向。

	非常不同意	不同意	同意	非常同意
自我內在意識				
1. 我時常注意自己。	1	2	3	4
2. 我時常反省。	1	2	3	4
3. 我時常敏感自己內心的感受。	1	2	3	4
4. 我常常留意自己情緒的變化。	1	2	3	4
5. 我經常檢視自己的動機。	1	2	3	4
6. 處理問題時，我很清楚自己的想法。	1	2	3	4
自我外在意識				
7. 我時常關心自己處事的風格。	1	2	3	4
8. 我很在意自己表現如何。	1	2	3	4
9. 我很留意自己的外表打扮。	1	2	3	4
10. 我出門前必定照鏡，確保儀容整齊。	1	2	3	4

計分方法

	答案及分數			合計分數
自我內在意識	1	2	3	
	4	5	6	
自我外在意識	7	8	9	
	10			
			總分	

個人內在及外在自我意識得分的高低，反映你對自我認知程度高低，這個分數可以提醒我們對自我認識是否足夠。

「身心語言程式學」內在溝通模式

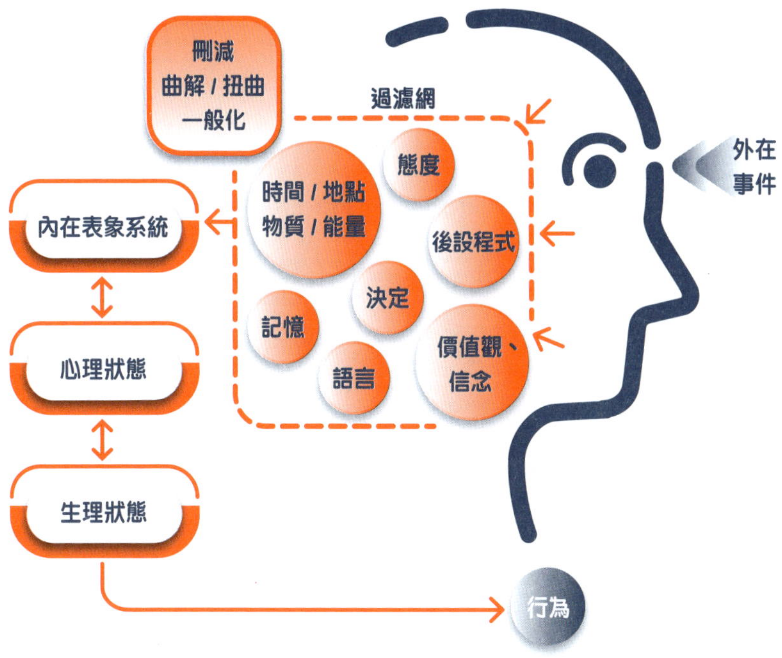

（參考賴雪鈴著，《整全生活中心 NLP 訓練手冊》）

人對自己內在世界和外在行為的意識，會影響人際溝通和跟其他人的連繫。我們接觸和感覺外面的世界，是透過五種感觀：視覺、聽覺、觸覺、嗅覺和味覺。不同的感觀資料由各種「次感元」（submodality）所組成，例如色調（黑白 / 彩色）、遠近、光暗、大小、位置、聲音（強 / 弱、高 / 低）、溫度（冷 / 熱）等。外來資料經大腦過濾網的資料處理（information processing），形成內在表象（internal representation）。不同的處理方式，選擇及決定了不同的內在表象。這個內在的圖畫，因着個人的心理和生理狀況，影響最終的行為反應。

「身心語言程式學」（Neuro-Linguistic-Programming, NLP）的理論，由賓拿（Richard Bandler）和格達（John Grinder）於上世紀 70 年代創立，研究人的頭腦和身體運作的配合，如何藉着語言及溝通系統與他人連繫的過程，構成一些慣性的行為模式。由於經驗是由許多不同的次感元所組成，藉着改變內在表象的次感元特性，可以令人對事物及經驗產生不同的理解。

另外，不同人對感觀信息的敏感和偏好不同。個人偏好的內在表象系統（internal representational system），能影響最終的行為反應，亦決定了溝通模式。根據不同內在表象系統的劃分，可分為四大類型的溝通模式和行為策略，包括視覺型（Visual, V）、聽覺型（Auditory, A）、感覺型（Kinesthetic, K）和理性自語型（Auditory Digital, D）。了解不同行為策略後，可採用改變策略，或加入理想的行為方式，概念就像編寫電腦程式一樣。

溝通模式與行為策略

每條問題都提供了 a, b, c, d 四種情況。請按照你認為的重要性，依次序作 1、2、3、4 排列。4 代表最重要，1 代表最不重要。

---

1. 當我決定買衣服時，最影響我作決定的是：

   a. 試穿衣服，看質料是否舒適。 (　　)

   b. 問其他人的意見。 (　　)

   c. 看看衣服的顏色及款式。 (　　)

   d. 考慮衣服的價錢和穿着的機會。 (　　)

2. 在爭論中，我最容易被什麼影響：

   a. 對方的聲調及語氣。 (　　)

   b. 能夠看到對方的立場。 (　　)

   c. 分析對方提出的理由及根據。 (　　)

   d. 能否體會對方的感受。 (　　)

3. 我覺得自己最突出的地方是：

a. 我的外形打扮。 ( )

b. 我能夠表達自己的感覺。 ( )

c. 我思考仔細、做事很有條理。 ( )

d. 我的説話技巧好，聲音吸引。 ( )

4. 在生活裏，我最喜歡的是：

a. 聽歌或聽音樂時，將音響調校至最好的音量及音色。 ( )

b. 在不同的事情上發掘值得思考或學習的地方。 ( )

c. 選擇穿得最舒服的日用品，例如：T 恤、波鞋。 ( )

d. 把自己的空間，如書桌、房間佈置成不同顏色。 ( )

5. 我最喜歡的溝通方式是：

a. 用電話傾談，因為可以聽到對方的聲音。 ( )

b. 自己獨處，因為喜歡思考多於與人溝通。 ( )

c. 面對面傾談，因為可以見到對方。 ( )

d. 講出內心想法及心事，因為可以分享感受。 ( )

6. 我覺得自己最敏鋭的感覺是：

a. 分辨到不同人的聲音、語氣。 ( )

b. 很快掌握到新的概念、事物。 ( )

c. 分辨到不同食物的味道、質感。 ( )

d. 分辨到圖畫 / 影像的顏色深淺、明度、對比。 ( )

計分方法

完成題目後，將每個答案括弧內的分數，填寫到下列的計分表中，將同一溝通類型的分數相加，計出總分。四個總分中最高分的類型，就是你平日溝通傾向屬於的類型。

NLP 溝通模式	答案及分數						合計分數
視覺型（V）	1c	2b	3a	4d	5c	6d	
聽覺型（A）	1b	2a	3d	4a	5a	6a	
感覺型（K）	1a	2d	3b	4c	5d	6c	
理性自語型（D）	1d	2c	3c	4b	5b	6b	
						總分	

類型分析

1. 視覺型（V）

喜歡用眼睛觀察外面的世界，較多以圖像記憶事物。與人溝通時，特別留意影像、事物的顏色、光暗、大小等特徵。他們比較注重外表的整齊和清潔。談話時喜歡用「看到」、「觀察」、「清晰」和「引人注目」等字眼。「V型人」説話和反應較快，缺乏耐性，較難清楚記得別人的説話。

2. 聽覺型（A）

喜歡用耳朵聆聽外面的世界，較多以聲音記憶事物。一般聽覺比較敏感，特別留意聲音的強弱、音質、節拍等特徵，喜歡音樂及與人傾談。談話時喜歡用「聽到」、「寧靜」、「共鳴」和「聲勢浩大」等字眼。「A 型人」喜歡說話和發問，聽別人用說話講解，會更容易記得步驟和次序。

3. 感覺型（K）

喜歡透過觸覺了解外面的世界，較多以感覺和經驗記憶事物。一般說話較緩慢，不擅於以言語表達，特別留意事物的形態、材質及溫度等，喜歡身體接觸。「K 型人」與人談話時站得較近，喜歡用「感到」、「接觸」、「舒服」和「心平氣和」等字眼。

4. 理性自語型（D）

喜歡思考和分析事物，頗多時間自言自語。一般喜歡計劃事情，看重理性分析和決定。相對而言，不喜歡與他人接觸，與人感情較抽離，較少表達情緒。「D 型人」喜歡有個人空間，與人談話時站得較遠，喜歡用「思想」、「分析」、「了解」和「深思熟慮」等字眼。

聆聽內心的世界

要培養對他人的敏鋭度，首要對自己的內在世界具敏感度，以及有清楚的認識。自我內在意識，包含理智意識、情感部分和深層的意識部分，因着理性和外在規範的壓制，一般人並不容易接觸深層意識，但透過內省過程、夢境或催眠狀態，能幫助個人認識這個層次的世界。我們也可透過自我意識訓練，學習如何去認知及表達情感。

自我觀念及自我意識，是指個人對自己多方面，以至整體的觀感和評價，包括是否了解自己的性格、興趣和能力，以及個人對現實生活、與他人關係、與外在環境的評價。因着人對外界事物認知的差異、內在的自然防禦反應，個人心目中的自我，往往與真實的自我有所距離。自我觀念影響一個人自我形象的高低、對過去經驗的理解，以至對未來的期望。如一個認為自己能力低的人，會認定自己是失敗者，不努力應付當前的生活，也不珍惜現有的關係，對將來的日子感到消極和悲觀。

尋找自我

我們應該是最認識自己的人，但不是每一個人都準備認識真實的自我。尋找自我的旅程，先決條件是一份面對自己的真誠和勇氣。真實的自我，不單包括正面的特質和長處，也包含負面的幽暗處和限制。面對自己不足之處時，意味觸及需要改變和成長的地方，而有些人往往不願付出這份努力和代價。自我認識不足的人，常常困在掙扎中，既不清楚前面可走的路，亦容易受他人或外來環境影響，令自己更迷惘及搖擺不定。

第 1 章提及的「身心和諧模式」，論到心理健康的意義。心理健康的人，對自己的內在意識和情感，有一定的認識，能了解個人的價值、能力、目標、長處和限制，亦能接納自己的缺點，富有勇於改變和成長的能力。以下的練習，讓你更認識自己的特質，試從當中找出改變和成長的空間，該部分得分愈高，傾向愈明顯。

認識自己的特質

	非常不同意	不同意	同意	非常同意
情緒傾向（emotional stability）				
1. 容易不開心	4	3	2	1
2. 時常感到快樂	1	2	3	4
3. 很少不快樂	1	2	3	4
4. 容易感到壓力	4	3	2	1
合計分數				
思維傾向（imagination）				
1. 想像力豐富	1	2	3	4
2. 欠缺想像力	4	3	2	1
3. 很少有精彩的構想	4	3	2	1
4. 表達用詞豐富	1	2	3	4
合計分數				

	非常不同意	不同意	同意	非常同意
人際外向傾向（extroversion）				
1. 很少説話	4	3	2	1
2. 保持低調	4	3	2	1
3. 主動打開話題	1	2	3	4
4. 擅於與不同的人交談	1	2	3	4
合計分數				
和藹可親傾向（agreeableness）				
1. 同情別人的感受	1	2	3	4
2. 很難感受他人情緒	4	3	2	1
3. 心腸軟	1	2	3	4
4. 很少關心他人	4	3	2	1
合計分數				
做事認真傾向（conscientiousness）				
1. 工作講求準確	1	2	3	4
2. 很少按計劃行事	4	3	2	1
3. 怕處理瑣碎事	4	3	2	1
4. 隨時處於最佳狀態	1	2	3	4
合計分數				

外在的溝通旅程

外在的溝通旅程是指人際接觸，建立與他人連繫的過程。這有如尋寶與歷險的經過，畢竟人際間的相處，可尋覓到難得的知己，亦可招致受傷害的機會。穩定的人際關係對健康的個人成長極為重要。人際相依的歸屬感，亦是重要的抗逆元素。人際支援是不可缺少的社會資源，能提供情感和實際支援，以調節個人面對壓力時的反應。

上文提及的內在旅程，跟自己溝通、認識自己，影響個人成長。一個人的性格與自我意識，能影響與他人的溝通過程。有些人性格內向，喜歡思想和內省，不擅於人際社交，也有些人性格外向，喜歡與其他人接觸。你可能發現自己偏向其中一方，又或介乎兩者之間。擅長人際溝通的人，除了性格特質和自我意識強、對他人的感受敏銳，亦較易掌握一般的溝通技巧。

溝通的藝術

人際溝通是一個互動、雙向的過程，包括對內和對外。對內是一個自我意識的過程，對外則是語言和非語言的表達、回饋和接收的過程。良好的溝通技巧，包括清楚表達、主動聆聽及領悟非語言的含意（關惠之、鄧焯榮，2003）。

聆聽他人

漢字的「聽」，由幾個部分組成，顯示了聽的過程，包括最少四種元素：耳朵、眼目、專一和心。接收者並非被動的聆聽者，可以透過回饋影響對方，並調節溝通的過程。而主動的聆聽是一種技巧，亦是一種心態、一種藝術。除了解自己和他人的心思外，情感同樣重要。同理心（empathy）是嘗試代入他人的處境，理解及明白對方當時的感受和心情，將這份同感和接納的感覺表達，能有助建立彼此的信任。

資料來源：Rock, Michael E.（1999）, *The 90% Factor: EQ & the New Workplace*.（https://www.canadaone.com/magazine/eq050198.html）

人際溝通的過程

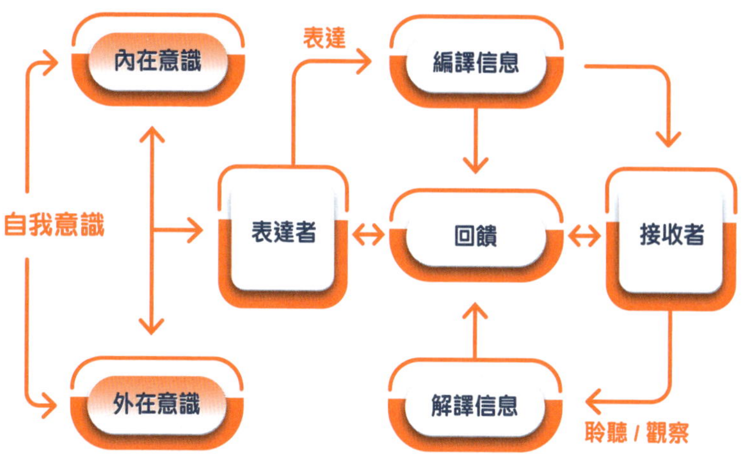

表達者是溝通信息的源頭，對象可以是一位，或多位接收者。表達者以接收者為中心，藉着編譯信息（encoding message），如選取最合適及最容易明白的説話，藉語言或非語言方式傳送，當中可能包含思想和感覺。至於接收者，透過聆聽和觀察，嘗試解譯信息（decoding message），理解語言或非語言信息的意思，包括表面意思和背後的含意。

聆聽「是」與「非」

請判斷下列哪些是好的聆聽方式：

1. 提出不同的意見時，便打斷對方的說話。
2. 從對方的觀點理解事情，嘗試明白對方的難處。
3. 代入對方的處境，嘗試明白對方的感受。
4. 當對方難於用言詞表達，嘗試協助，鼓勵對方講出感受。
5. 估計對方想說什麼，立即接上或回應，不用浪費時間。
6. 只顧自己說話，忽略對方的表情及反應。
7. 從對方的說話及表情感受他的心情，並嘗試表達同感。
8. 只會細心聽自己感興趣的內容。

答案

好的聆聽方式——2, 3, 4, 7

不理想的聆聽方式——1, 5, 6, 8

真相？非真相？

由於每時刻所接觸的外在信息實在太多，我們無法同時應付，只能選擇性地處理較重要的信息。大腦接收的信息，經過認知過濾網不同的篩選及處理，代表事物某程度的真實，卻永遠不是事物全部的真相。在溝通過程中，這有助我們更有效率地與人溝通，但亦可妨礙真實意思的傳遞。當外在事件比較模稜兩可時，更可能出現完全相反的解釋，使我們作出不合適的反應。

外來資料 / 外在事件由大腦的資料處理，可能會出現刪減、曲解扭曲和一般化的情況，令部分信息在過程中失落。刪減是我們選擇性地將以為不重要的資料刪去；曲解 / 扭曲是以不同角度錯誤解釋事物；一般化則是將一部分的經驗，推及至全部的情況，排除了例外的可能性。就如在日常的溝通中，父母對子女細緻的關心，可能被子女詮釋為囉唆；子女對事物好奇而發問，可能被父母詮釋為愚蠢。人際溝通的過程更為複雜，溝通的信息受過濾網的影響，可能令接收者誤解表達者的意思。

白威斯徒（Ray Birdwhistell, 1970）的溝通理論提出，人際溝通主要包括了說話語言（7%）、聲音（38%）及身體語言（55%）。當中超過九成的溝通過程，屬於下意識或潛意識的層次。意思是說，一般人可能高估了說話語言溝通的重要，卻忽略了非語言及深層意識的過程。而且，深層意識也受自我意識、自我形象、心態、情緒及過去經歷等心理過程的影響，可見溝通是件不容易的任務。

人們說人與人有緣、投契，又或物以類聚的講法，**可能正反映了人際關係和溝通中，受着許多不知道及非理性的因素所影響。**透過了解不同人非意識的行為模式，例如分辨「V 型」、「A 型」、「K 型」、「D 型」四種溝通模式，可以讓人際的溝通過程更順暢。

NLP 指出，人亦藉「吻合」（matching）和「映照」（mirroring）的方法與別人建立信任及親和感（rapport）。吻合是指找出對方的溝通模式，然後嘗試配合對方的方式溝通；映照則是藉模仿對方的溝通特徵，例如動作、呼吸的頻率或說話的聲調，讓談話者產生熟悉和親切的感覺。這些技巧都能有助溝通及加速關係的建立。

夫妻的溝通

秀智正忙於批改考試卷，十分疲倦，回家後亦要照顧兩個兒子。以下是秀智與丈夫討論分擔家務的一次對話。

談話者	對話	問題信息	反應分析
秀智	老公！今日我累了一整天，現在要幫BB（小兒子）洗澡，你可否幫幫忙看哥哥（大兒子）一會？	刪減	• 為什麼這樣疲倦？ • 做了什麼事，令她累了一整天？ • 她想丈夫幫忙什麼？
丈夫	我也很累！可不可以先讓我休息一下再幫忙？	曲解 / 扭曲 刪減	• 理解「好累」為一種埋怨及拒絕 • 為什麼這樣累？做了什麼事會這樣累？ • 稍作休息後會幫忙嗎？
秀智	你這算是跟我比嗎？你就是常常不顧兒子！我不過想你幫忙看哥哥，這也不行？	曲解 / 扭曲 一般化	• 解釋「好累」為一種鬥氣 • 有沒有其他例外情況？ • 説出真正的要求

談話者	對話	問題信息	反應分析
丈夫	我不是跟你比，只是今天公司也有很多工作，所以特別累！你想我照顧哥哥，好讓你幫BB洗澡，是嗎？無問題呀！		• 澄清自己不是鬥氣 • 解釋累的原因 • 表達願意配合及幫忙照顧兒子

以上對話，是夫婦日常生活的一個寫照。自從幼子出生，夫妻面臨生活的適應。夫婦平日工作忙碌，而秀智面對網上教學及工作轉型的壓力，使她在精神和體力上受到很大的考驗。

按 NLP 的分類，秀智的溝通模式是「V 型人」，丈夫則是「K 型人」。視覺型的秀智，往往注重丈夫的外顯行為，包括是否有具體行動幫忙和關心家人。丈夫的緩慢行動，她覺得只是拖延的手段，表達了不理會家人的信息。至於丈夫是感覺型，較着重表達內心感覺。放工回家後，他希望放鬆、享受休息的感覺，紓緩工作壓力。夫妻間未能充分溝通、了解對方的生活模式，以致未能彈性配合雙方的需要和取向，令溝通形成分岐。

要將夫妻溝通的分歧拉近，先讓雙方認識和了解自己的思想和溝通模式，也留意與對方溝通模式的分別。當他們知道對方是「V 型人」或「K 型人」後，嘗試配合對方的溝通模式。他們必須先清楚知道自己感受和需要，再從溝通中了解對方的感受和需要，運用合適的溝通方式和技巧，藉建立親和感及互信，作為溝通的根基，這是解決衝突的潤滑劑。

過去幾年疫情，父母在家工作，或子女網上學習，人際模式和界線也改變了。家人相處和人際空間也被壓縮。在困獸鬥下，牽動家庭成員的負面情緒，精神健康大受衝擊。

家人的溝通

下星期是大學選科的截止時間，以下是阿 Wing 與母親和姊姊，有關大學選科的一次對話。

談話者	對話	問題信息	反應分析
母親	阿Wing，交了表格沒有？你做事不要老是慢吞吞的！	刪減 一般化	• 誰要交表格？要交什麼表格？為什麼要交表格？ • 什麼時侯有這種情況？
阿Wing	好煩呀！你只會催促我交表，有沒有關心我其他事情？我想唸廚藝呢。	曲解 / 扭曲 刪減 一般化	• 以「好煩」指媽媽的關心為囉唆 • 誰在令人煩惱？誰感到煩惱？ • 如果有關心會怎樣？有沒有其他例外？ • 說出心裏真正的願望

談話者	對話	問題信息	反應分析
姊姊	什麼？你嫌阿媽煩你？你想唸廚藝？唸這種科目，不就是當廚房妹？這不就似你父親嗎？還不是等着捱餓！	曲解 / 扭曲 刪減 一般化	• 解釋「好煩」為對媽媽的指責 • 阿Wing的説話是否表達了想家人關心？ • 為什麼唸廚藝就會捱餓？有沒有其他例外？
阿Wing	為什麼你們都這般實際？我跟你們像生活在兩個不同的世界，你們都不明白我！我不過想你們多關心我吧了！	一般化 曲解 / 扭曲	• 將姊姊的看法，理解為一種實際的生活方式。 • 將不同想法和關心方式理解為兩個世界的生活

從以上的家庭溝通裏，阿 Wing 覺得沒有人關心和明白自己，平日很少跟家人分享自己的想法。事實上，兩位女兒中，媽媽比較疼愛幼女阿 Wing，但媽媽的關心方式，往往被視為囉唆。姊姊着重實際，卻被認為是市儈。阿 Wing 對廚藝的興趣，來自爸爸的熏陶，但爸爸失業後，與爸爸關係又較疏離，而這方面的天分與理想，沒有受到媽媽和姊姊的肯定和培養。家人間沒有良好的溝通，彼此的興趣和想法不同，造成個人價值觀和生活方式的差異和矛盾。平日缺少家人的關懷，也令阿Wing渴望從愛情中得到情感的補償。

家庭的溝通和關係模式，較一般朋友和工作人際關係複雜，要介入、了解及改變絕不是容易的事。家庭關係的現況，背後經歷長期的歷史塑造。家庭關係動力與整體的溝通模式較僵化，除考慮一般人際溝通的互動外，往往受着各個家人許多成長和心理情結所影響。像阿 Wing 母親與兩個女兒的關係，母親可能因為阿 Wing 有點才華與小聰明，格外偏愛她。成長過程中，姊姊漸漸覺察但不能接受母親偏愛妹妹，加上妹妹從小較自己聰明，令姊妹間關係產生矛盾。很多時候，姊姊會不留情面批評阿 Wing 的選擇及生活方式，表面是反映兩人不同的價值觀和生活思維，深層可能源於姊姊成長中對妹妹的情結。另外，阿 Wing 對廚藝的喜愛，一方面反映先天（個人）與後天（爸爸的熏陶）的影響，亦可能是對關係疏離的父親的一份情感昇華至理想。

重新建立阿 Wing 的自我價值，以及對家人的歸屬感，是每位家庭成員的責任。

幫助姊妹倆處理以往的嫉妒、怨恨與受傷，藉了解、接納和原諒，重建雙方的關係。母親亦要學習以新的溝通方式與阿 Wing 相處。對阿 Wing 的興趣和發展，給予肯定和支持，從關係相依中，建立家人的歸屬感。

這樣說來，若要改變現況，除要改變家庭溝通模式的技巧，還要讓家庭成員之間彼此認識，既要了解過去的潛在影響，亦要有開放的心態。

至於父母需要學習但困難的功課，是如何配合逐漸成熟的子女，尊重他們的決定，在需要時給予指引，亦在適當時學習放手（let go），讓他們自立及尋找自己的路。

情人的溝通

阿 Wing 還有半年就要應考 DSE，最近與男朋友的關係轉淡，以下是他們一次見面的對話。

談話者	對話	問題信息	反應分析
阿Wing	為什麼你最近好像很冷淡？約你又推說沒空，見到面又不説話？你是否不想見我？	刪減 曲解／扭曲 一般化	• 最近是誰在對誰冷淡？是否關係變冷淡呢？ • 是否真的每次約會也推掉？見面時是誰不説話？不出來約會和少説話，是否代表不想見面？
男朋友	（沉默不語）	刪減 一般化	• 雖然沒有説什麼，但很多時候「沉默不語」已經是一種溝通信息。加上身體語言，以及刪減、一般化的過程，「沉默」往往被解釋為不喜歡、憤怒、拒絕、責怪等意思。

談話者	對話	問題信息	反應分析
阿Wing	是不是你嫌我不漂亮？太胖？不夠溫柔體貼？一定是我做錯了事，得罪了你，對嗎？	曲解／扭曲 一般化	• 原本「沉默」代表不開心和矛盾，卻被扭曲成不喜歡、責怪的意思。 • 哪一次阿Wing做錯了事，她的男朋友也是沉默不語？這次會否例外？
男朋友	阿Wing，你沒有做錯事，你對我很好，你也沒有不妥……（沉默一會）只是自從我失業，我變得沒勁，覺得自己好不濟，配不起你……你又快要考DSE，我覺得前路茫茫……想自己靜一靜……	曲解／扭曲	• 需要理解阿Wing責怪自己的說話，可能反映內心的焦慮，害怕會失去對方，盼望對方表達對自己的重視和肯定自己的價值。

談話者	對話	問題信息	反應分析
阿Wing	（哭起來）都是我不好！我對你不夠細心，一點也沒留意你這樣不開心，我只顧自己溫習讀書，從來沒有關心你……已經沒有其他人明白我，你不要不理我呀！	刪減 曲解/扭曲 一般化	• 阿Wing依然曲解男友的澄清，依然以為對方的不開心和矛盾是因為自己不夠細心，沒有關心所致。這樣做更將自己的過失一般化。 • 如果阿Wing對男友細心關懷，他會否就不會不開心呢？ • 阿Wing是否因溫習讀書而忽略了男友？

從阿 Wing 的感情生活中看到，她將大部分的自我價值，不自覺地建築於感情之上，將自己置於關係中較低的地位；缺乏自我的認識，在雙方相處出現問題時，往往認為問題出於自己。即使她對感情着緊，卻沒有正面表達，也缺乏建立感情關係的心態及技巧。當男友未能適應她對這份感情的着緊、關注，反而給了男友一種負面的、束縛個人空間的感覺。當男友面對自己生活不如意的時候，無法從感情中得着支援，反而選擇逃避。不良的人際溝通，加劇了感情關係的漏洞，更令衝突不能解決，最後不歡而散。

從以上的對話，反映了一些青年的感情生活。現代流行的愛情觀，似乎過分看重感覺的層次，忽略關係中良好和深入的溝通，情感的根基往往缺乏實際的相處、溝通的深度、友情的互信及理性意志的承托。愈親密的關係中，似乎理性和感性的平衡愈覺困難，特別熱戀中的年輕人，較難從雙方的關係中將自己分辨出來。當任何一方對自我認識不深、自我意識及自我價值低，往往會在關係中處於不對等的位置。

如何突破這推力和拉力的惡性關係循環？在感情生活上，除建立健康的溝通關係，亦要學習自我認識和溝通的內在旅程。沒有健康的內在空間，不但難以發展健康的感情關係，更對個人的整體成長，帶來負面的影響。

同事的溝通

自我認識的內在旅程，不單影響身邊親近的人際溝通，就是日常同事間的關係，亦能起重要的關鍵作用。以下是偉恆一次與同事的對話，由於不良的自我認識及溝通問題，引致與同事的衝突。事件發生在一間酒樓的廚房內，最忙碌的午餐時段。同事是一位大廚，偉恆的下屬。

談話者	對話	問題信息	反應分析
同事	（見偉恆迎面走過來，沒有跟他打招呼，只是自言自語，目光迷茫）先弄哪一樣呢？	刪減	• 似乎不是向着某個人説話，只是個人的疑問。 • 眼神及身體語言均表達了一種迷茫和混亂的狀態 • 問題是指哪一件事？要由誰處理？
偉恆	你們聚在這裏搞什麼？外面的客人在催呢！你，你在這裏「繡花」呀？還不加快手腳！	曲解/扭曲 刪減	• 理解上一句疑問是一種失控、混亂的狀態。 • 用指責的語氣質問 • 到底誰好像在「繡花」？是否有人做得很慢呢？

談話者	對話	問題信息	反應分析
同事	的確有點混亂……不過有時都會這樣。	刪減 一般化	• 是什麼混亂？在什麼時候會發生這樣的混亂？是否一定會發生呢？
偉恆	什麼？經常都這樣混亂嗎？不要對我說不行，你們無論如何要搞得妥妥當當！還有，你這樣辦事怎行得通？是這樣做事的嗎！你打工日子也不短，怎會連這點小事也搞垮！最要緊是快！趕快！	刪減 一般化 曲解 / 扭曲	• 將「有時」變成「經常」 • 到底指什麼事？指混亂？還是指做得不夠快？ • 將「混亂」和「有時都會這樣」，解釋成辦事不力。 • 這裏的埋怨和指責是向誰說的？ • 什麼事該這樣做而不該那樣做？是誰工作日子不短？現在情況又搞得如何「垮」？是什麼事要趕快呢？

談話者	對話	問題信息	反應分析
同事	恆哥！我已經沒有停過手，一直不停在做……剛好同時有很多訂單，而外面有位大客又投訴，我不過正在煩應該先處理哪一張單。		• 澄清問題和困難在哪裏，表示正考慮如何處理。
偉恆	哦？是這樣嗎？（想了一想）有大客投訴……下次早點説清楚！……	刪減 一般化	• 這樣處理是否合適？ • 如果下次有大客投訴，應否同樣處理？ • 如果下次「早點説清楚」，是否就不會有這樣的反應呢？

偉恆與同事的對話，反映他們平日工作的溝通模式。由於偉恆是典型的「A型性格」，時間催迫感強、競爭好勝、對人易有敵意、情緒容易暴躁、有完美主義傾向，但對自己缺乏內在的認識。在工作的人際溝通時，他容易將自己的做事方式強加於別人，對下屬的表現不滿，亦會不留情面地責罵。當發現自己的指責不恰當時，卻不會表示歉意。他與同事的溝通方式，同

事長期處於「輸家」的一方。這樣「贏一輸」（win-lose）關係，不是有效的衝突處理，亦為工作關係帶來很多不滿和張力。

一個長期帶着忙亂傾向的人，若缺乏內在自我認識，很難意識問題的根源，從現況中尋求改變的空間。當失業和工作轉型的危機臨到時，偉恆縱然處於逆境中，但正好給他一個反省和突破的機會，這是他始料不及的收穫。

偉恆願意把握這次人生的逆境，努力的自我反省及尋求輔導，對自己的內心世界加深了認識，亦加強對個人情緒的內在認知；而透過探索平日的溝通行為模式，更認識到自己容易暴躁，對人出現敵意的傾向。他意識到自己受忙亂傾向的影響，有助改變外在的行為。找到問題根源後，偉恆開始學習新的溝通模式。藉自我意識及情緒控制的練習，不但改善人際的溝通過程，亦對整體的身心和諧，踏前了一大步。

第 5 章

健康思維不可缺
—— 情緒能量

1980 年代，迦拿（Howard Gardner）發表有關多元智慧的理論，擴闊了一世紀以來以智力商數（IQ）作為心智能力的重要指標。多元智慧包括語言、邏輯數學、音樂、空間、肢體動作、自然觀察，人際及個人內省的能力。到了 1990 年代，高文（Daniel Goleman）出版有關情緒智商（EQ）的書，讓很多人認識情緒智商比傳統的 IQ 更能影響個人自尊、健康、長遠成就及人際關係。今天，EQ 作為延伸多元智慧的一環，已成了社會上廣為熟悉的字眼，卻被演繹成不同的意思。

身心情緒

情緒作為身心的能量，是透過心理過程的心身效應（Psychosomatic），影響身體生理系統的運作。以往身心分割（Mind-body dualism）的科學年代，無法明瞭許多身心效應如何發生，但隨着科學的進步及轉型，今天已能解釋部分的身心統合（Mind-body integration）過程及各樣身心治療方法（Mind-body healing）。

艾德（Robert Ader）及柏慈（Candace Pert）是心理神經免疫學 / 身心免疫學（Psychoneuroimmunology）的重要始創人，專

門研究心理、生理及免疫系統（Immunological system）的關係與連結，以及如何影響整全健康和全人發展。過往研究指出壓力處境，包括考試、缺乏睡眠、離婚、親人死亡及多種長期病，都會減弱免疫系統的功能，增加患病的機會。簡而言之，**心理抑鬱與長期壓力是最能抑制免疫功能的因素**。不過，有研究發現，個人的幽默感、笑及精神鬆弛，能提升免疫力，令身體恢復健康。

如何解釋這連串的關係呢？傳統觀念認為神經系統的運作，主要藉電流通過神經細胞的傳遞，但較新的研究發現，愈來愈多的神經傳遞，是透過一些化學物。這些化學物不單穿梭於不同神經系統的溝通，更能通過血液傳送到內分泌荷爾蒙系統（Endocrine system），以及免疫系統的個別免疫細胞（例如 T 細胞、B 細胞及殺手細胞）。情緒能透過神經和內分泌系統，影響這些免疫調節因子（Immune transmitters）的分泌，最終影響這些免疫細胞對抗病變的功能。這樣說來，**身體的各個系統，以至心理狀況，能夠與其他部分互相溝通、調節及影響個別的功能和運作**。

學者相信，大部分的長期病，均與身心系統紊亂或機能運作失調有關。中國傳統醫學亦支持這論點，指情緒失調會影響身體不同的生理系統調節及整體健康。所謂「七情內傷致病」，指喜、怒、憂、思、悲、恐、驚等七種情志；當個人情志過激，或不良情緒長期積壓，就會造成內傷致病。中醫對心理情緒的認識，以至五臟六腑的相互關係，同樣說明了身與心的密切關係，以及健康的整體性。

個人心理與生理系統的關係

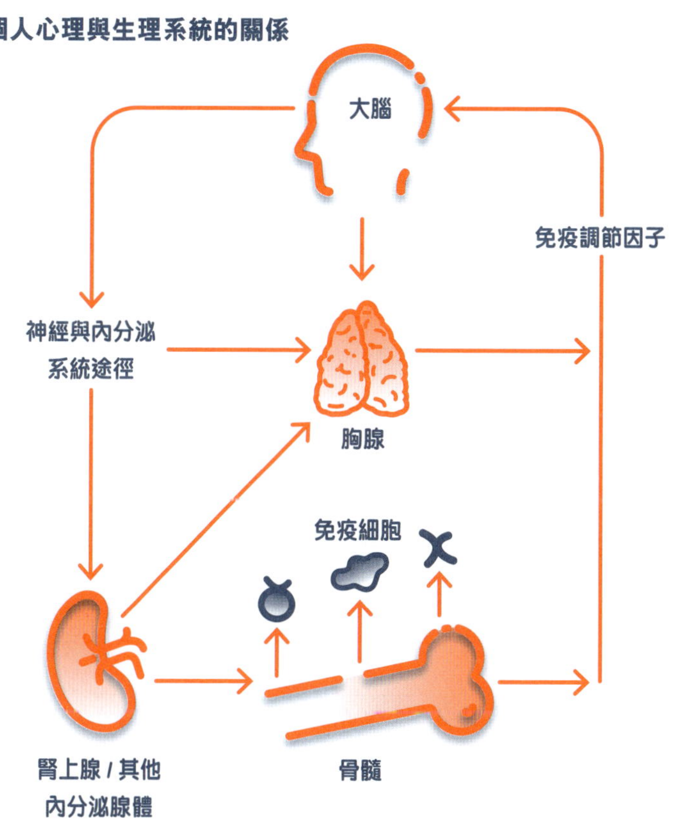

情關難過

從人類歷史很多事件都可見到理性和感性的弔詭互動。自古至今，很多困難的發生，很多的人際衝突，不是人在理性時不知怎樣抉擇取捨，而是過不了情緒和感覺的巨大推力。情緒是個人整全的一部分，本身是中性的，既有不能取代的重要性，亦具備潛在的巨大能量。就像車輛的引擎一樣，我們要學習控制和運用。能善用的話，情緒和感覺可給予我們不少動力，相反亦可使我們撞牆或墮崖喪命。

第 4 章討論的內在溝通，不單認識自己的理性思維，更幫助我們連繫內在的情緒感覺，以致有效地與他人溝通。情緒控制 / 管理（emotional control / management）是讓自己認識、了解、控制和善用個人情緒的心態與技巧。試完成以下測試，透過 EQ 相關項目的分數高低，初步了解情緒如何影響自己以及人際相處。

人際 EQ 測驗

以下是簡單測試版，該部分愈高分，傾向愈明顯。

	非常不同意	不同意	同意	非常同意
意識（self awareness）				
1. 我敏感自己內心的感受。	1	2	3	4
2. 我留意自己情緒的變化。	1	2	3	4
聆聽（listening）				
3. 即使有不同的意見，我願意聆聽對方的説話。	1	2	3	4
4. 與人傾談時，即使沒興趣，我仍會細心聆聽。	1	2	3	4
表達（expressibility）				
5. 我能夠清楚解釋自己的意見。	1	2	3	4
6. 當別人誤會我的意思，我會設法澄清。	1	2	3	4
同理心（empathy）				
7. 我能輕易地從別人的觀點理解事情。	1	2	3	4
8. 與他人談話時，我會代入對方的處境中。	1	2	3	4

	非常不同意	不同意	同意	非常同意
弱者（weakness）				
9. 情緒流露是軟弱的表現。	1	2	3	4
10. 在人面前表現不開心，是丟臉的事。	1	2	3	4
收藏（bottle up）				
11. 當我不開心時，我會隱藏感受。	1	2	3	4
12. 我很少表露自己對事件的感受。	1	2	3	4
被拒絕（rejection）				
13. 若我的情緒令人不快，他人會拒絕我。	1	2	3	4
14. 我表達情緒時會受到傷害。	1	2	3	4
誰主宰（in control）				
15. 我的情緒非常容易受人影響。	1	2	3	4
16. 我大部分時間都能控制自己的情緒。	1	2	3	4
正面（positive）				
17. 當我開心時，我會不保留地捧腹大笑。	1	2	3	4
18. 當我獨自一人時，我可以透過回憶愉快片段而快樂。	1	2	3	4

	非常不同意	不同意	同意	非常同意
負面（negative）				
19. 若有人在公眾地方激怒我，我也會表達自己的憤怒。	1	2	3	4
20. 當事情不如所願時，我會表露失望的樣子。	1	2	3	4
親密（intimacy）				
21. 那些我關心 / 喜愛的人，會感受到我的心意。	1	2	3	4
22. 我能夠向人表達關懷及愛護。	1	2	3	4
平復自己（emotion-regulation of self）				
23. 做事時，若我的情緒受影響，我能夠平復心情，繼續工作。	1	2	3	4
24. 發生衝突時，我能控制自己的情緒，理性、冷靜地處理問題。	1	2	3	4
平復他人（emotion-regulation for others）				
25. 我能對別人的不開心，作出適當的回應。	1	2	3	4
26. 我能疏導別人的情緒。	1	2	3	4
感染他人（beneficial to others）				
27. 我的歡樂能夠感染別人。	1	2	3	4
28. 我的情緒能帶動別人的心情。	1	2	3	4

	非常不同意	不同意	同意	非常同意
感染自己（vulnerable emotion）				
29. 我的情緒容易受周遭的氣氛感染。	①	②	③	④
30. 別人的説話會影響我的情緒。	①	②	③	④
逃避（avoidance）				
31. 當有問題發生時，我寧願留待其他人解決。	①	②	③	④
32. 當別人感到不開心時，最好遲些才關心他 / 她。	①	②	③	④
妥協（compromise）				
33. 很多衝突也是可以取得共識的。	①	②	③	④
34. 如果取得共識，衝突是可處理的。	①	②	③	④
合作（collaboration）				
35. 我會提出解決問題的方法，也會邀請別人提出。	①	②	③	④
36. 我會讓衝突中的每個人一起解決問題。	①	②	③	④
遷就（accommodation）				
37. 我會減少與其他人的磨擦，去平息他人的問題。	①	②	③	④
38. 如果會令人不愉快，我不會提出反駁。	①	②	③	④
競爭（competition）				
39. 我會表達我的立場，及説服他人贊同我的想法。	①	②	③	④
40. 我會堅持自己認為對的想法，不會讓步。	①	②	③	④

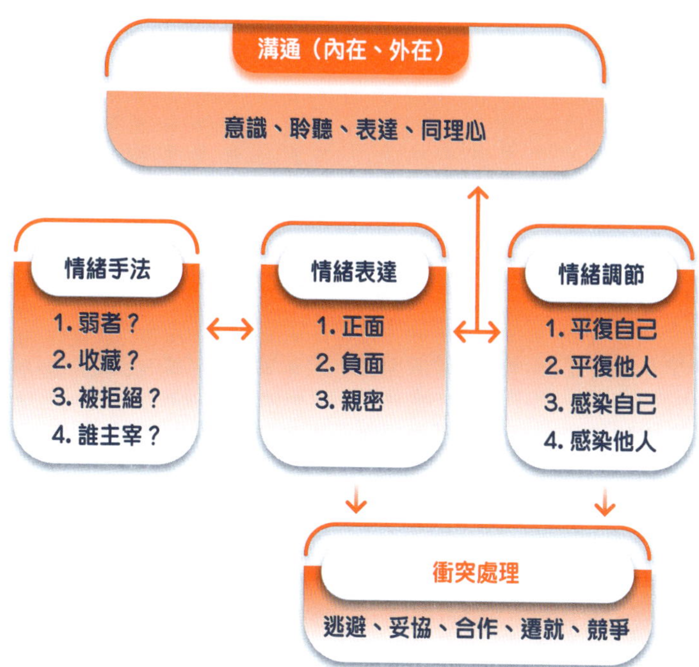

（關惠之、鄧焯榮，2004）

不同學者對 EQ 有不同的定義。若從人際溝通的角度出發，EQ 包括：

1. 了解自己、他人的情緒；
2. 調節自己、他人的情緒；
3. 個人合適的情緒表達；
4. 善用情緒處理人際相處及正面的衝突。

情緒心法

EQ 貫串了人際溝通及人際衝突的過程。延續第 4 章有關人際溝通過程的內容，個人的 EQ 成長，包含對情緒的正面心態（情緒調節）、情緒表達的範疇及情緒內外的調節（情緒手法）。

情緒心法是正面情緒經驗的前提，沒有合適的心態，個人往往缺乏健康的情緒表達，以致內心積壓很多負面情緒。若我們對情緒有偏見，害怕面對負面情緒、覺得別人不接受自己的情緒表達，會影響人際相處，而個人或對他人情緒的意識不足，往往也減少對情緒的敏銳感。這樣的人，不單對他人的感受沒反應，亦未能好好調節自己的情緒。他們的情緒易受外界影響，例如容易被人觸怒。由於沒有好好管理個人情緒，反過來卻不自覺地，成為情緒的奴僕。

當他們處於親密的關係中，容易對愛與被愛的深入情緒感到不自然，以致害怕發展親密關係。而面對衝突時，由於無法應付情緒的起伏，傾向以逃避、妥協或遷就的方式，拖延或短暫地解決問題。

情緒信號

情緒有深度與闊度；按種類可分為根源情緒（primary emotion）和衍生情緒（secondary emotion），按性質亦可分為正面情緒和負面情緒。根源情緒是不同處境引發的即時情緒反應，亦可因不同的深度與闊度，引發衍生情緒。正面情緒能帶給人衝勁和活力，負面情緒則會消耗人的鬥志和心力。

情緒是每個人背後的一副引擎，提供源源不絕的動力，亦是生命的一道信號標板，指引我們，讓我們知道內裏的情況。從嬰兒時期的飢餓需要，至成人感到自尊受侮辱或不被明白，情緒就給身體一個信號，使人知道內在的需要未被滿足。內在的情緒意識，就是跟自己情緒溝通的一種敏銳感。情緒的意識及內省，能幫助我們認識情緒的真相。**認識情緒的動力能催化人與人的連繫，以至整體的身心和諧，也能影響個人的存活、決定、人際空間及溝通，決定人生的樂憂禍福。**

學會應付壓力

偉恒曾被許多負面情緒困擾。面對負面情緒時，他找出根源的情緒，認識自己內在未被滿足的需要，以致尋找成長和改變的空間。透過情緒的內省，他認識憤怒是一種衍生情緒，只是情緒表面的展現，而根源情緒來自受威脅及不被尊重的感覺。當威脅及不被尊重的感覺十分強烈，憤怒隨之衍生，作用是嘗試保護人的自尊。

另一種衍生情緒的例子是沉鬱的情緒，背後往往隱藏多種根源情緒。像偉恒在失業後期似乎見不到出路，感到無望、無助和灰心，以致產生沉鬱的情緒。負面情緒積壓，能消耗人的心力，像馬車被不受控制的馬匹，四面八方拉着，無法前行。

情緒的效果

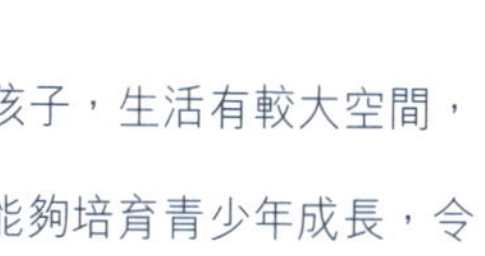

秀智當初從事教師工作，婚姻關係良好，還未有孩子，生活有較大空間，讓她在工作方面盡情發展。教學是秀智的理想，能夠培育青少年成長，令她感到滿足。她回想那段日子，生命有清晰的方向和動力，充滿正面情緒：被愛、滿足、快樂、興奮、釋放、被肯定、自信的感覺，是工作背後源源不絕的能量。

情緒意識的發展

為什麼我們會有情緒的定型和偏見呢？現今是推崇科學的文明世代，偏重理性而忽略感性思維。在這個高舉理性的商業社會中，「情緒」二字，被無端加添了負面的色彩。在現實生活中，如果用「情緒化」形容某位同學或同事，你會聯想起一個怎樣的人？可能是一個孩子氣、不成熟、軟弱、不受歡迎、容易受人影響的混合體。以上的性格，可能部分真實，但只能反映一個普遍化的偏見，無法完全定義一個人。

偏見來自我們對情緒的負面心態及經驗，可能是在成長過程中，不知不覺被父母、家人、學校或其他人模造和強化的結果。想像一個三歲的小孩向父母說：「我不開心，我嬲你！」

父母會怎樣回應呢？

回應 1 父親：「衰仔，為什麼發脾氣呀？看我打不打你！」

回應 2 母親：「仔仔，過來，是不是有什麼不開心？為什麼向爸爸發脾氣？有什麼不開心就告訴媽媽吧！」

這例子是真實的寫照，我們是否在這樣的管教方式下長大呢？在兩個不同的回應中，父親用一種責罵語氣、否定情緒（invalidating emotion）、能拆毀 EQ 的方式；而母親則是一種接納、肯定情緒（validating emotion）、能培養 EQ 的方式。

孩子的情緒發展，較語言發展和表達還要早。表達情緒是天生的本能，正如初生嬰兒遇到驚慌、不舒服或飢餓會哭泣一樣。嬰兒漸漸學懂以哭泣作為信號，與父母和他人溝通。在孩童時期，人亦透過與別人的相處和反應，初步掌握情緒的經驗。這些條件式的經驗，讓嬰兒學會以歡喜的笑臉吸引成人的回應、摟抱或笑容。情緒意識中，父母否定或肯定的回應，能影響孩子對分辨情緒的學習，並學會以合適的字眼形容自己的感覺。當孩子的情緒意識增長，亦學習以他人接納的方式表達情緒。

培育敏鋭的情緒意識（emotional awareness），是健康情緒發展的第一步。情緒意識包括分辨感覺（recognition）、接納感覺（acceptance）、感覺內省（reflection）及預測感覺（forecasting）。在一次又一次的經驗中，當孩子發現自己的即時情緒能影響父母的反應；而當改變自己的表達方式，某程度亦能預測下一刻會為自己帶來快樂或痛苦。當大部分的經驗帶來正面的後果，孩子對情緒意識的敏鋭感漸漸增強。相反，若情緒經驗常常被成人否定，缺乏正面回應，又或受到責罵時，情緒的表達漸形成向內的抑壓模式。情緒的表達，不單影響日後的人際溝通，更是情緒調節的重要渠道。當負面情緒受抑壓時，無法讓不快感覺得到正面的平復，便會為情緒調節種下不良的習慣。

情緒控制與家庭環境

偉恆的父親管教嚴厲，往往以權威及打罵方式逼令子女聽從。偉恆在這種管教方式下長大，變得缺乏自信，性格急躁易怒。這種急躁的行為模式，在偉恆的父親和哥哥身上同樣見到。

偉恆加入旅遊業工作後，當學徒初期，他的師父同樣採用嚴厲的教導方式。偉恆似乎沒有減少年時的易怒性情，而且在工作中，反而幫助初出茅廬的他在複雜的工作環境中找到生存空間。當偉恆步入成熟階段，晉身管理層之後，行內的工作文化逐漸改變，昔日的管理模式再不能應付轉型的需要，為他與同事、下屬的相處帶來極大張力。失業之後，偉恆反而有機會反省及尋找新出路。

在接受輔導的過程中，偉恆回憶年少時一些片段，重新注視一些過往被抑壓的情緒，這過程幫助他處理今天與同事間的衝突。透過了解自己的行為模式，反省自我價值，偉恆逐漸認識自己內心的焦慮——害怕別人知道自己信心不足。這種焦慮令他藉着不停忙碌工作，肯定自己的價值；遇到同事有不同意見或做法，會令他感到受威脅而產生憤怒情緒，以此保護自己的自尊。

工作中遇到的衝突，令偉恆不斷重複這種惡性循環的行為模式。他的情緒就像失控的巨輪，而他並不意識自己的行為正受着非理性情緒的主宰。他既無法排解內心的焦慮，又沒有能力調解同事對自己的不滿，便以憤怒的語言暴力對抗衝突。當偉恆了解自己這種忙亂、暴躁及敵意的行為傾向，願意調校內心的自我價值，一些不自覺的偏見及僵化行為漸漸軟化，這時的他已開始踏上改變的路程，重新建立自己，建立新的人際溝通模式。

負面情緒的信號（註1）

情緒	可能的信號	自我反省
焦慮	我的安全感受到威脅。	是什麼人、什麼事構成了這種威脅？是否個人偏見？又或自我價值薄弱所致？
煩躁	事情混亂，並非我能掌控。	是否做事方式缺乏彈性？可以拒絕，定優先次序，甚或延遲一些行動嗎？我願意向有關人士表達意見和求助嗎？
沮喪	我對自己或別人的表現不滿，又或遇到挫敗。	分清自己和別人的責任，尋求可改進或躲開的辦法。
內疚	我可能有錯失，或傷害了別人。	我願意承擔責任，尋求改進或得到別人原諒嗎？
怨恨	我恨別人傷害了我。	是否自己誤解了別人的動機，或扭曲了意思？對方是蓄意傷害，抑或是無心之失？要明白若存心報復，就是繼續傷害自己。
哀傷	我失去了自己重視的人或物。	以懷念和感激代替持續的哀傷和失落；告訴自己仍然可以活下去，尋找新的出路。
消沉	我自覺無能為力，以消極、逃避的態度來宣示不滿。	無能為力可能只是主觀感覺，並非真的沒有出路。我對事件是否已有全面的了解？是否願意向別人求助？

情緒連鎖

如何與自己的情緒好好相處，並善用它作為生活和成長的動力呢？第 8 章將會談到如何掌握 NLP 情緒管理的快速技巧，運用心錨及打破情緒連鎖，幫助當事人脫離不良的情緒惡性循環，釋放情緒能量；而初步我們應運用良好的情緒，成為豐富的心理資源，改善整體的生活，包括個人身體健康、心理健康、思考能力、人際連繫、屬靈需要及人生方向。

首先，我們要認識，負面的情緒經驗是可以藉着事物聯繫而引發的（即負面情緒心錨——情緒按鈕，negative emotional anchor)。在我們的經驗中，為什麼負面的情緒連鎖這樣難以突破？有說「面目可憎」，這是指每當見到自己憎惡的人，對方即使沒有任何說話或行動，已能挑起我們的負面情緒。

情緒就像一條鎖鏈，一旦引發，記憶中相似的情緒會串連起來，形成情緒連鎖。當某人在衝突中，第一次觸怒自己，就形成鎖鏈的第一環。若這份情緒沒有適當處理，再遇到類似的人或事，事件引發曾觸怒自己的情緒，並在鎖鏈上再添一環。這樣，時間愈久，積壓的負面情緒就愈多。每當情緒按鈕被觸動時，就會連本帶利的一併發作到觸怒自己的人身上。

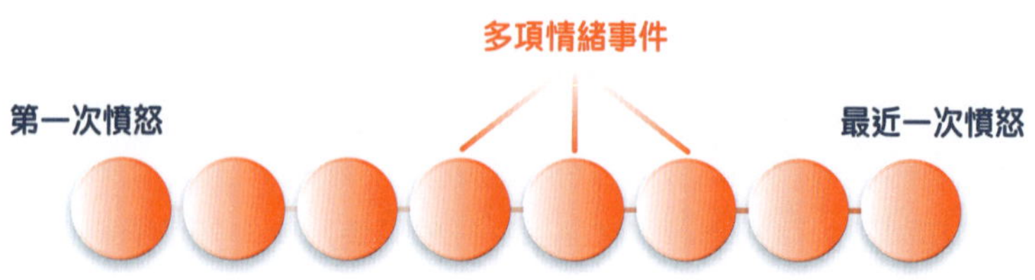

（參考賴雪鈴：《整全生活中心 NLP 訓練手冊》）

打破情緒連鎖的步驟

除應用 NLP 設定心錨的技巧，還要配合時間線治療（Time Line Therapy）（Tad James, 1988），才可以幫助當事人接觸和改變過去的情緒經歷。

打破情緒連鎖的過程較為複雜，需要他人從旁引導，以達到釋放負面情緒的效果。同時要求當事人有較高的內在情緒意識，並且有一顆願意改變的心。

NLP 結合及抽離的練習，是一種幫助當事人以不同角度經驗自己的方法。「結合狀態」指當事人以第一身深入體驗某一情境，包括自己身體各部分的反應、感覺、思想和想法等；「抽離狀態」是指當事人嘗試以第三者的角度觀察自己跟身處環境以及人物的關係，而抽離的方式往往能擴闊、打破人對事物既定及狹隘的看法。

進行釋放負面情緒的過程，要有以下的幾個熱身練習，才能自然地掌握打破情緒連鎖的步驟。

以下的情節以偉恆的個案作為例子，讓他嘗試釋放一些憤怒和敵意的負面情緒，幫助他重新學習一些新的溝通和衝突處理模式。

第一階段：情緒意識及抽離、結合的練習

輔導員： 偉恆，請以舒適和自然的坐姿開始，閉上眼睛，自然地呼吸……當你能夠放鬆後，嘗試進入過去的回憶裏，回想最近一次與同事衝突的情況……你記得嗎？

偉　恆： 記得。

輔導員： 現在試以第一身描述當時身處的環境，以及你的感受（結合狀態）。

偉　恒： 當時是在酒樓的廚房裏，我見到我的下屬阿德。他見到我時，沒有理會我，也沒有跟我打招呼，只是自言自語。那時外面有很多菜單，我不知他們在做什麼，慢吞吞的，對外面忙得不可開交的場面好像全無反應，我覺得非常生氣，於是破口大罵。

輔導員： 嗯，你覺得很生氣。如果用 1 至 10 分代表你憤怒的感覺，1 分代表完全不生氣，10 分代表最生氣，你會給當時的你多少分呢？

偉　恒： 我會給 8 分。

輔導員： 那你當時的確很生氣啊！你會怎樣形容自己生氣的感覺？例如，那股「氣」是在你身體哪一處？有沒有顏色、溫度或形狀呢？

偉　恒： 那種生氣的感覺，像鬱結在胸口，壓着我的胸口……那股氣是熱的，紅色的……沒有什麼特別形狀。

輔導員： 現在你試想像，如果這種憤怒的感覺變成一顆正方形的冰塊，透明的……你的感覺如何？

偉　恆： 感覺好一點，沒有起初那麼生氣。

輔導員： 試將這顆透明的、冰涼的冰塊，從你的胸口移到腳底下。可以嗎？

偉　恆： 可以！

輔導員： 現在感覺又如何呢？

偉　恆： 感覺再好一點，沒有那麼生氣了。

輔導員： 很好。現在嘗試一下，可不可以抽離自己，以旁觀者的身分看着自己和同事。假設你現在離開現場十呎距離，再看看自己。你的感覺如何？（抽離狀態）

偉　恆： 我覺得整件事像遠離自己一點，憤怒的感覺好像也變淡了。

輔導員： 好的，保持這種感覺。現在嘗試離開更遠，例如超過三十呎，再看看。你的感覺又如何？

偉　恒：我見到有一些人在談話，但他們都很細小……我覺得整件事好像已遠離了自己，沒有什麼特別的感覺。

輔導員：好的。如果現在再要你從 1 至 10 分中，選一個分來代表你生氣的程度，你會給多少分呢？

偉　恒：我覺得好多了。我今次會給 5 分。

第二階段：偉恒的時間線練習（由輔導員帶領）

1. 選一個舒適和自然的坐姿，閉上眼睛，自然地呼吸，緩緩地呼吸，仔細留意每一次吸氣和呼氣的感覺。

2. 慢慢吸氣……慢慢呼氣……感受一下，你愈來愈放鬆。

3. 呼氣時，彷彿將身體裏一切疲勞和重擔都呼了出來。你感覺一下，自己愈來愈放鬆。

4. 吸氣時，彷彿將很多的能量吸入體內，全身充滿精力。你感覺得到，愈來愈放鬆……愈來愈放鬆……

5. 完全放鬆後，試回憶一星期之前的事，記不記得呢？你能見到這些片段是從哪一個方向過來的嗎？

6. 好，現在試回憶一個月之前的事，記不記得呢？……你能見到這些記憶是從哪一個方向過來的嗎？

7. 好，現在試回憶半年前……一年前……五年前……的事，記得嗎？留意一下這些記憶是從哪個方向過來？

8. 好，現在試想想半年後……一年後……五年後……會發生的事？你見到自己是怎樣，會做什麼？留意這些情境是從哪個方向過來？

9. 有沒有留意，你的過去、現在和將來的片段，好像形成一條線？

10. 這就是你的「時間線」，記錄了你的過去、現在和將來……

11. 你見到這些連成一線的事件嗎？試想像自己慢慢升起，當你的身體升得愈高，看得就愈清楚。

12. 你隨着時間線推移，看到自己的過去、現在和將來……

第三階段：釋放情緒練習

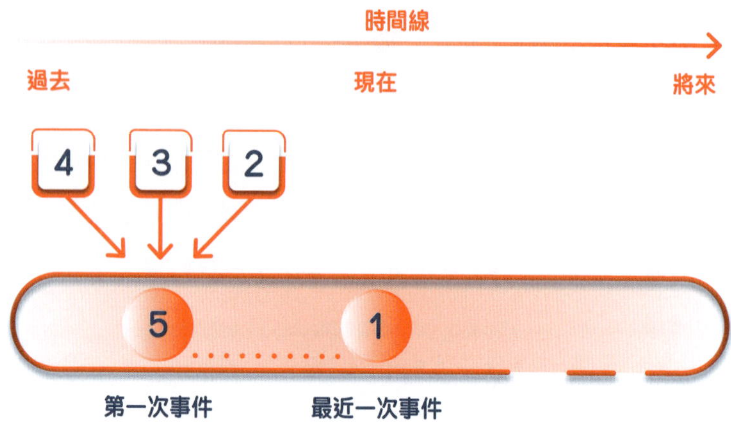

（參考賴雪鈴：《整全生活中心 NLP 訓練手冊》）

輔導員： 當準備好之後，你想像自己隨着時間線推移。先嘗試進入過去的回憶中，回到最近一次與同事發生衝突的情境（上圖位置 1）。你的感覺如何？……很好。現在請你抽離，再次移動，回到再遠一點的過去……當你飄得愈高，就看得愈清楚。你飄得愈遠……這刻，你沿着時間線，返回第一次被這位同事惹怒的情境。你見到嗎？當你到達之後，請告訴我，如果以第三者抽離的角度，看看當時的自己（上圖時間線的位置 3）。

感覺如何？試描述當時身處的環境，以及你的感受。

偉　恒：我還記得大約是七年前的事，我剛晉升為主管，這個同事也是剛來上工不久。有一次，他在酒樓的走廊經過，跟我打了個照面，他明明見到我，卻沒有絲毫表示，當我「無到」。我覺得很憤怒，今天仍然記得這件事。當時酒樓走廊的牆是紅色的，燈光是橙色，還有其他人經過，環境比較嘈雜。

輔導員：你看到你自己嗎？試回復第一身（左圖位置 5），看看自己的感受如何？（可重複情緒意識及抽離的步驟）如果我們將你當時周圍環境的顏色變為黑白，你會覺得如何？

偉　恒：生氣的感覺變淡了一點。

輔導員：如果將當時四周的聲音也關掉，感覺又如何呢？

偉　恒：感覺平靜了。

輔導員：現在試將自己抽離現場（左圖時間線的位置 3），離開數十呎，再看看自己和同事，感覺如何呢？

偉　恒：我覺得整件事都距離自己很遠……自己竟因這樣的小事生氣，很不值！

輔導員：你問問自己，在這件事上可以學到什麼功課？能不能記取這些教訓，將所學到的帶回到現在，在今次的事情，以及日後都可以隨時幫助你？

輔導員：當你準備好之後，再次在時間線上飄升。問一問自己，當你還年幼的時候，有沒有試過這樣生氣？如果有，就讓自己飄到那個時候。當你到達之後，請告訴我。現在，請以第三者抽離的角度，看看自己（頁 170 圖時間線的位置 3）。你的感覺如何？試描述一下當時身處的環境，以及你的感受。

偉　恒：我見到……那時我還未上小學。我正與一班小朋友一起玩。當時我做了一件玩具，拿給他們看時，他們沒有理我……他們不跟我玩……我覺得被人拒絕，覺得很憤怒。那地方是其中一個小朋友的家中，環境好像是黑白色的，有白色的光管燈；大約有四個小朋友在一起玩。

輔導員： 你看到自己嗎？現在試回復第一身（頁 170 圖位置 5），看看你自己有什麼感覺？（可重複情緒意識及抽離的步驟）當你準備好之後，可以再次在時間線上飄升……現在你回到事情發生之前大約 15 分鐘。試抽離地看看發生什麼事（頁 170 圖時間線的位置 4）。

偉　恆： 我見到自己跟其他小朋友在玩，其他小朋友玩得不亦樂乎，似乎沒有理會我的邀請。

輔導員： 現在回看，你當時有沒有在意志上下過什麼決定，以致影響了你日後的處事方式，甚至生活呢？

偉　恆： 當時……我感到被人拒絕，我認為是自己不夠好，所以沒有人喜歡我……我發怒，要報復。

輔導員： 你現在感覺又如何？願不願意釋放這種憤怒的情緒？如果今日的你重看當時的決定，有再次選擇的機會，你會不會改變那時的想法和決定？問一問自己，在這件事上可以學到什麼功課？能不能記取這些教訓，將所學到的帶回現在，在今次的事件以及日後都可以隨時幫助你？

偉　恆：我願意釋放。我覺得沒有必要這樣對人生氣，也對自己生氣。

輔導員：很好，就好好記住這次所學到的智慧——釋放憤怒的情緒，改變一些限制性的決定。好了，當你準備好之後，可以隨着時間線，從過去返回現在。

輔導員：如果有一天，當你會再面對與同事的衝突，你會作何反應？

偉　恆：我可以站得遠一點來看整件事，包括看清別人的處境和我即時的感受，這些感受會不會令自己即時發怒。以後如果不開心，我會花點時間反省：會不會是自己的思想要改變呢？如有需要，我會嘗試找機會跟對方溝通。

水能載舟，亦能覆舟。情緒既能拖垮精神健康，亦能推動個人成長，成為改變動力。情緒本身不能分錯對和好壞，問題多源自個人意識，或不自覺的思想，和對某些信念過分執著，以致情緒失衡。這些身心扭曲的狀態，會使自己對事情因果、處境、人際關係、事物的輕重、先後次序的認知出現偏差。第 3 章討論抗逆力時提及的身心重整，正是透過上述這三個階段，幫助人成長或改變，回到身心和諧的狀態。

註釋

1. 轉引自李兆康、區祥江（2015）。《情緒有益》。香港：突破出版社，頁 18。

第 6 章

最易被忽略的生命元素——靈性需要

靈性需要與心靈商數

人生的危機，正好讓人有重新反省生命的機會。生活壓力令舊有的生活失去原有平衡，不過個人潛在的抗逆力，有助脱離破碎的生活，重整新的生活結構。秀智和偉恆經歷內在自我反省，反思生命中對自己最重要的人和事，或以往可能被遺忘了的事，重新排列生命中的先後次序或選擇。

第 1 章提出整全身心健康發展（wellness development）的六個範疇，其中之一是靈性需要。靈性的自我是指個人對整體生命各範疇的理解，亦代表了內在的悟性，對存在價值及對永恆的探索。前述各章探討了個人各個生命範疇之間的關係，以至如何產生和舒緩壓力。個人靈性則扮演着重要的角色，既穿梭於各個生命範疇之間，亦給人以超越時空的視野角度，對目前的人與事物，產生不同的演繹及解釋。

按整全身心的健康發展模式，如要建立更和諧的抗逆生命素質，則要平衡發展靈性的抗逆力（spiritual resilience），包括明白人與自己、人與家庭、人與社會唇齒相依的連繫（connectedness），懂得尋找愛與相屬的關係（love and belongingness），尋索生存的意義與目標（meaning and purpose of life），更要尋找與造物主的關係（relationship with Higher Power）。右頁測試有助你檢視自己在上述幾方面的狀況。

前文提及，20 世紀初，心理學家提出 IQ 的重要性，主要指數學、語言及邏輯推理的能力，影響人學業成績等成就。20 世紀末，心理學家提出 EQ 的觀念，指與人相處和個人情緒控制的能力，甚至可以預視個人的長遠成就和快樂，重要性比 IQ 更高。後來，更新發展的理論提出心靈商數（Spiritual Quotient, SQ），協助個人認識存在的意義與目標價值等，為生活提供方向感，讓生命變得更和諧滿足。換句話，**SQ 擁有提升與轉化（transformative）生命的能力，不單能引發個人成長，也可以幫助個人克服逆境和超越苦難的階段，頁 181 至 183 的測試可助你分辨自己的心靈型格。**

走過生命的幽谷

如果你過去或目前經歷困難或面對病痛的幽谷，曾否有以下的想法？

	非常不同意	不同意	同意	非常同意
生命意義				
1. 這困難對你的人生造成極大的影響嗎？	4	3	2	1
2. 困難會減少了你生活的情趣嗎？	4	3	2	1
3. 你感到生存毫無意義嗎？	4	3	2	1
自我價值				
4. 你對自己的能力失去信心嗎？	4	3	2	1
5. 你因依賴他人，覺得自己沒有用嗎？	4	3	2	1
6. 這次的經歷會令你懷疑自己的價值嗎？	4	3	2	1
愛與相屬				
7. 你感到孤單及被人遺棄嗎？	4	3	2	1
8. 你感到沒有人支援及關心嗎？	4	3	2	1
9. 你懷疑神 / 上天是否愛你嗎？	4	3	2	1

	非常不同意	不同意	同意	非常同意
內疚與饒恕				
10. 你內心有一份虧欠他人的感覺嗎？	4	3	2	1
11. 你認為他人不會原諒自己的錯失嗎？	4	3	2	1
12. 你視這困難為神 / 上天對你的懲罰嗎？	4	3	2	1
盼望與將來				
13. 你對將來永恆的生命沒有把握嗎？	4	3	2	1
14. 你因困難沒有好轉而感到絕望嗎？	4	3	2	1
15. 你認為未來是一片陰影，因而感到灰暗嗎？	4	3	2	1

計分方法

將不同靈性範疇的得分加起來，就反映了個人在個別範疇的情況。若每個範疇的分數在 9 分以下，要特別注意及加以改善。

心靈商數量表（註 1）

以下的問題關於一般人對個人信仰及宗教的觀念，亦反映了個人心靈的狀況。藉着這個簡單的練習，能幫助我們認識和了解個人靈性，及提升靈性的方向。以下每條問題，依不同的重要程度，用 4、3、2、1 作出排列。「4」代表最不重要，「1」代表最重要。

---

1. 當我思想有關個人信仰或靈性時，最重要的是：

   a. 感覺能連繫一些「在我之上」的世界。（　）

   b. 理性認識宗教是否可信。（　）

   c. 個人與神的關係。（　）

   d. 一個道德和盼望的基礎。（　）

2. 我相信宗教的禱告祈求是：

   a. 沒有價值。（　）

   b. 被神或天使聽到，並有時得到答案。（　）

   c. 被神或天使聽到，但不會有任何答案。（　）

   d. 最好視為一種冥想或道德醒覺的操練。（　）

3. 若要將我的個人宗教和靈性信念歸類，將會是：

a. 着重物質世界；沒有特別靈性信念。 (　　)

b. 堅定不移；絕少懷疑。 (　　)

c. 一半一半；部分的我較屬靈，亦有部分抱懷疑。 (　　)

d. 委身個人信仰；但亦有些未能解答的疑問。 (　　)

4. 我對追求靈性成長的重要性，主要是：

a. 學習做好人或內在平安。 (　　)

b. 尋找與神的關係。 (　　)

c. 滿足心理渴求。 (　　)

d. 與至高力量的一種連繫。 (　　)

5. 你對生命存在和意義的想法是：

a. 生命意義來自個人努力與神的工作。 (　　)

b. 生命只是隨機發生，沒有特定的意義。個人應該擁有道德與愛心。 (　　)

c. 宇宙有着特定的意義，由上天創造和命定。 (　　)

d. 個人可以藉着實踐道德與愛心，為生命賦予意義。 (　　)

計分方法

將每個答案括弧內的分數，抄寫到下面的計分表，然後將同一靈性類型的分數相加，計算出總分。這裏的四個總分，最高分的類型，就顯示了你的心靈型格。

心靈型格	答案及分數					合計分數
實際型	1b	2a	3a	4c	5b	
品德型	1d	2d	3c	4a	5d	
超然型	1a	2c	3b	4d	5c	
委身型	1c	2b	3d	4b	5a	
					總分	

實際型：較重視物質和生活層面的體驗和追求，講求理性和實際用處多於生命意義。

品德型：較重視道德和內在修養，以社會平等和個人責任作為生命意義。

超然型：較重視超自然的體驗，講求宇宙終極的探求，生命意義與生活關係不大。

委身型：較重視個人與神的關係，講求信仰委身和明白神對自己生命的意義。

從危機到轉機

當一個人經歷人生困境和苦難，想要尋求轉變，必須經歷身心醒覺的過程，首先是對內在狀況的醒覺，並切實地善用與連繫身邊的資源。要懂得接納昔日的「我」，才能塑造及超越今天的「我」，並改變成為將來期待中的「我」。這就是「重整生命」（transformation）的改變策略。

關鍵的改變動力，就是抗逆力 / 靈性抗逆力。抗逆力讓人在失敗中仍然找到自尊，在無望中看到盼望，遭遺棄時依然相信愛，在仇恨中經歷復和；從原有的混亂狀態，包括生命中或已存在的脆弱、危難和困境等，經過整理、整頓，再確立新的價值與前進的方向。

「重整生命」要經歷改變，就如蝴蝶經歷生命周期的「革變」（metamorphosis）——從幼蟲和繭的階段，由模糊、醜陋的面貌，蛻變為美麗的蝴蝶。跨越困境的人生經歷，是將危機轉化為前進的機會，讓生命得到轉化和提升，引向成長與成熟。

身心醒覺超越生命困境的模式

（Wellness realization model in the transcendence of suffering）

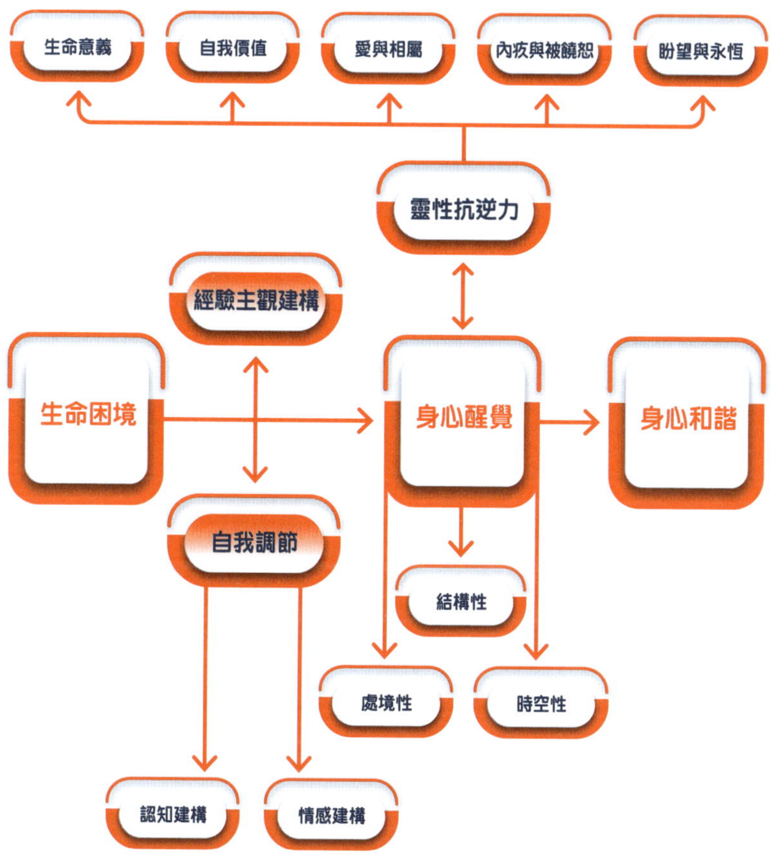

心靈乾渴的樂程

樂程成長於一個氣氛較自由的家庭，曾到歐洲讀時裝設計，過了幾年自由自在的生活，回港後轉過幾份工作，現時在一間私人機構任職行政。工作和家庭生活穩定，朋友不多。兩年前，樂程的父母和其他家人移民澳洲。

他結婚一年，與太太沒有太多深入的話題，亦覺得她沒有昔日的溫柔和浪漫，感到婚姻和生活轉向平淡。半年前，他在網上認識了一位女朋友，對方亦是已婚人士，彼此十分投契，成為很好的心靈伴侶（soul mate）。樂程的深層需要未能在婚姻中得到滿足，卻從另一位異性中得着。起初他們在網上談得投契，樂程感到被別人的明白和認同。問題是當網上的關係發展太快，且沒有清楚界線，容易成為陷阱。樂程分辨不清，很快與對方發展了感情和性關係；他對太太仍有很深的感情，知道婚外的感情不會長久。

網絡世界衝擊着人與人、人與自己的關係。若現實中個人的生命需要，長期轉向虛擬世界尋求滿足，會使人無法分清現實與虛擬世界；至於人與人的界線分不清，則是指網絡世界既深化了人際關係的深度，又使關係變得膚淺和不須負責任。人在網上尋求心靈伴侶，若未能保持合適的界線，不但會沉迷，甚至會發生有違倫理的關係。

靈性不只是信仰

上文曾提到靈性是引發身心醒覺的一個重要途徑。靈性不是單指宗教信仰，宗教信仰是指一些特定對生命、生活、世界和人類存在的信念、教條、傳統和禮儀，亦有指向掌管世界的終極力量或造物主。靈性則是普遍人類生活中，對自己生命存在的一種內在自覺，指向外在處境的意識，對將來盼望及永恆的尋索。不同宗教信仰，會以不同的形式和途徑，嘗試解答和解釋人類靈性的問題，亦可能最終指向生命不同目的地。

從個人生命角度看，靈性成長有不同的階段，宗教信仰往往是提升靈性成長一個重要的途徑，能藉身心醒覺，帶來很多成長的轉

機。然而，當醒覺發生和出現轉機後，須循特定的身心途徑和方法，才能達致生命的成長；故此不能只靠宗教和靈性方式，應付成長過程的所有問題。

一般人覺得靈性成長只是宗教信仰所關注的範疇，然而生活經歷讓我們認識，人可以從身心醒覺，讓個人靈性成長。例如：我們可從觀看植物的構造和成長，從種子發芽生根、發枝長葉和開花結果的過程，見證生命的周期，如何配合大自然而延續。從觀察大自然，讚歎生命奇妙，覺醒創造宇宙一切的造物主的存在，人的靈性就可以藉着身邊的事物得到提昇。

「屬靈化」危機

一般人認為宗教能提供絕對的答案和指標，亦能在這道德破落的世界，提示問題的出路。靈性可以帶來很多生命的反省，但並非所有的心靈或人際問題，又或者大部分的身心問題，都可以藉宗教或靈性方法解決。一般偏差的想法，包括：

- 只要藉着不斷在宗教信念上反省，指出行為的罪性，便能約束自己不良的行為，改過舊生命對自己的影響；

- 只要藉着祈禱信靠神，就可以克服成長的及性格的嚴重缺陷；
- 若不懂與人交往，只要學習靜默獨處，在神裏尋找靈性的滿足，就不需要面對個人心靈和人際的孤單。

在過往的輔導個案中，曾見過不少心靈掙扎和受捆綁的生命。一般人似乎分不清宗教信仰和靈性並非完全相同，亦傾向將大部分的心靈問題「屬靈化」（偏向過分着重靈性生命經驗）。過分將生命的問題屬靈化，不比那些將個人健康「軀體化」（偏向過分着重身體和外在生命經驗）的人好多少。把健康「軀體化」的人，沒有關注心靈的需要，生活像行屍走肉；相反生命過分「屬靈化」的人，可能只是困於內在的心靈世界，既未有關注家人的生活，甚至忽略生活上基本的健康自理行為。人若未能分辨和肯定宗教或靈性，可能會使個人正面的成長，局限在靈性的道德和約束，只能經歷宗教信仰對人的批判，令心靈產生很多內疚和焦慮感，對生命成長反而構成負面的影響。

危機中的轉機

樂程在職場認識他的太太，拍拖半年後結婚，家人一直反對他們的決定。樂程太太自少缺乏家人的培育，學業成績並不理想，家庭關係非常差，一直很少與家人來往，後來轉職這間公司擔任文員，便認識了樂程。

樂程最初對她的感覺普通，但有一次他撞傷腿，需要留院，出院後仍要去醫院進行物理治療。她對樂程格外關心和照顧，二人相處下產生感情。二人的感情得來不易，經歷不少風浪，尤其是面對家人的反對，但婚後的生活尚算美滿穩定。

但樂程與太太的家庭背景並不一樣，太太與家人的關係疏離，而她的教育水平也不高。婚姻初期，二人仍在熱戀中，彼此的生活方式沒有太大矛盾，但當人生和婚姻到達另一階段，生活日趨平淡，雙方又沒有特別行動維繫感情，關係亦沒有什麼火花。此時此刻，可能只感覺配偶是一位親人，缺乏感情的滋潤和刺激。此外，樂程的事業已到達穩定的階段，工作的挑戰似乎亦未能為他帶來極大的滿足感。在平淡的家庭生活和事業中，潛伏了感情和心靈的危機。

靈性與身心醒覺

靈性的重要，不只在信仰和道德上知道自己犯錯，更重要是讓人知道問題後，如何再次連繫內在的生命，亦能尋找外在的相屬、永恆的盼望和不變的上帝。這種對生活的意義，建基於對個人生命的自覺，包括自我價值的根基、生命的存在意義；與身邊人的關係，包括對他人 / 神之間愛與相屬的連繫、對他人 / 神的虧欠所帶來的內疚或被饒恕；及對將來有否把握與永恆生命的盼望。

身心醒覺的出現，是當事人從迷失中覺知生命出現問題，嘗試從困境中回頭，並且尋求他人的幫助。問題是，一般人即使意識自己犯了錯，意志上願意從深淵走出來，但心靈和感情仍然昏沉。我們可以從樂程的成長背景知道，他習慣了自由的生活；他的家人雖給他很大的空間，但他似乎很少感受愛，生命深層的需要很少被觸及和明白。這種內在的生命渴求，可能連他也不常覺察。在出現第三者的事件上，樂程出現了三方面的覺醒：

第一，結構的醒覺——樂程醒覺自己過去的生命需要被忽略，似乎更明白自己如何一步一步走到如今這個地步。他了解自己的深層需要，亦明白婚姻生活欠缺了活力。

第二，處境的醒覺——樂程在三角關係中拉扯，了解自己正處於內在的心靈需要、外在的兩段感情糾纏，以及工作之間的拉力。心靈出現愛與相屬的缺失，驅使他無止境對愛和肯定的渴求。他未能於婚姻中得到滿足，錯誤的沉迷虛擬世界，不清晰的界線，換來生命無盡的內疚。雖然有愛妻子的心，但又想滿足個人深層需要，生命出現割裂和混亂。外在的連繫與倫理、個人的價值觀、他人對婚外情的看法，令他內心處於角力和矛盾中。這樣的生命失衡，衝擊了樂程的靈性、價值觀、生命意義及婚姻關係。

從以往穩定的生活、工作和婚姻中，掉入混亂的危機裏。此時此刻，樂程願意離開錯誤、回轉，再次連繫自己的生命、妻子、家人及將來的生活。在覺醒過程中，他更敏銳生命和關係中的界線，了解即使與心靈伴侶彼此投契，但兩人是超越了界線，只為滿足自己的需要。回想這種時冷時熱的關係，根本混雜很多私心，沒想過會有好結果，亦不敢期望會是長久，只是見日渡日。

第三，時空性的醒覺——回想昔日夫妻的親密，對比今天的危機，樂程希望主動修補與太太的婚姻關係。雖然現在他對婚姻的親密感不高，但願意再次燃點關係的火花。助人者可協助樂程回顧昔日婚姻關係，彼此感到美滿的心錨，再檢視以往經歷，與現在和將來的因果關係。

靈性導航

樂程回憶當初與太太選擇對方為伴侶後，感情一直未獲家人支持，卻從未影響彼此對婚姻的投入。他們曾經歷不少考驗，更覺彼此的重要。有一次，樂程要做一個手術，傷口十分疼痛，行動也不方便，太太一直不離不棄，溫柔地照顧自己，沒有半點埋怨。那時候的他覺得太太對自己最重要，不能沒有對方。

當樂程回憶和重新連繫這份感覺，再一次感到太太的珍貴。往後的日子，他計劃定時放下工作，與太太好好相處，培養感情，也期望學習跟太太分享內心的想法和感受。他也計劃短期內放假，與太太去旅行，為彼此締造更好的氣氛，使關係繼續成長。

放眼未來，他期望參加教會的聚會，一方面由於朋友的邀請，而且他自覺生命有點膚淺和空洞，期望宗教信仰可以幫助自己了解心靈的需要。

從健康檔案的故事，可以看到靈性在生命中的位置、靈性和身心醒覺的關係，以至如何影響身心的和諧。即使處於危機和苦難中，靈性的抗逆力可以為生命帶來轉機。偉恆和秀智雖然有信仰，但面對生活壓力和人際衝擊時，靈性經歷低谷，似乎忘記神在生命中應有的位置。樂程沒有宗教信仰，也忽略了個人的心靈需要，處於現實與虛擬之間的疑惑，困於一段糾纏不清的感情。他靈性覺醒時，發現內在心靈世界的空洞，開始追尋宗教信仰，作為生命成長的途徑。

靈性發展的不同階段，正如生命的不斷成長，既需要內在生命的潛能和自覺，亦連繫於宗教信仰的助力。**靈性的意義和重要，不單幫助人活得有方向和價值，更成為困境、壓力和病痛時，一股重要的抗逆力。**面對困境時，壓力與情緒的出現或會使人沉重無力，但全人和靈性關顧能協助他們尋回價值和連繫，為他們的生命添加動力，舒緩心靈和身體的痛楚。

註釋

1. 改編自 Spiritual Type Test（http://www.beliefnet.com）。

第 7 章

確立人生方向
——生命圖譜

曾幾何時，我們或許都擁有過夢想：將來要做什麼？會在哪裏？會變成怎樣？

少年時，我們都會懷着既戰兢又興奮的心情對「將來」憧憬一番，同時鋭意努力朝自己的「將來」奔跑。「未來」之所以如此令人既愛又恨，是因為它可望而不可觸及，充滿很多未知數，有很多空格等待我們填寫、創造。你有過什麼夢想？現在仍然追尋這夢想？抑或，夢想已落空？

當你向小孩或年輕人問及他們的夢想時，不會引來奇異的目光，他們會喜孜孜地與你分享；不過，若你跟一個白頭老翁談及他的夢想，必會招來嗤之以鼻的回應。「憧憬未來」彷彿是小孩或年輕人的專利，因為目標與理想訂定時，要考慮事物的時間性(temporal extension)。年紀愈輕的人，愈有條件訂定較長線的人生計劃；當人生接近盡頭，所定的理想自然不能太遙遠。可惜，社會大眾或多或少都會誤以為年長的人不應再抱有理想。隨着年齡增長，有些人愈來愈不會有夢想，或是愈來愈不敢有夢想。究竟是由於夢想早已失落，還是他們從來不會做夢，也不曉得做夢？

有沒有試過因再感受不到人生目標而產生空虛感？即使生活很忙碌，卻不知為何事而忙？沒有人生目標的人，就像在森林失去指南針的人，沒有方向地走每一步，最終只是徒然。相反，懷着目標的人會計劃部署，人生所走的每一步都朝向理想的方向（goal-seeking direction），懂得選擇哪些是應做的。**可見人生目標不單引導我們的人生方向，增加生命動力，還為今天所處的位置、所作的事賦予意義。**很多人以為只有達成目標才算成功，但即使目標最後未能達到，在竭力追尋的過程中，已感受到喜樂、滿足感、自我實現，又或更穩定的身心和諧狀態。

多樣化的未來

然而，現實環境變幻莫測，如果按現在的科技想像未來的學習和工作生活，或者會是這樣：

從前的學校提供一模一樣的課程，但人工智能改變了我們的學習模式。Z 世代的孩子不用進到學校學習，每人只需建立自己的雲端網絡學習檔案。AI 按着孩子個別的氣質、個人興趣，設計和安排學習的內容和方向，讓孩子的大腦潛能徹底發揮。學習某些課題後，就依據紀錄，在不同階段到大學獲取認證。

隨着科技與人工智能的普及，很多人討論未來工作趨勢時，不約而同認為一些技術性工作難免逐漸遭 AI 取代（*The Future of Jobs Report*, 2020）。從前工作重點在於達到特定機構的工作成效，現在則在於建立不同羣體的網絡和連繫的影響力，以推動不同的工作目標。能夠賺取薪酬的能力，已不是勞動力，而是個人的信譽和羣體的影響力，也不只是為特定機構服務。我們工作不像從前所信奉只為賺取金錢、生活基本所需，而同時着重工作意義，藉參與不同的工作，讓自己的潛能和影響力，得到更大的發揮。而全球新冠疫情的大流行，徹底改變了我們工作的模式。我們的工作場所，由公司轉到家中。

面對不斷轉變的工作模式和價值，有年輕一代主張「躺平」，有羣體反工作，有人主張靜態辭職（quiet quitting）。工作模式固然不斷改變，甚至對工作的看法也多樣化。現在的職業，是否很快被取代，或在未來消失？現在看未來，究竟是危或機？

在這年頭，我們對工作的態度也許跟 10 年前很不一樣。有年輕人成為斜槓族（Slash），也有愈來愈多成年人放棄一份全職工作，選擇發展組合事業（portfolio career）。**但我們相信，工作本身的意義，跟千年前相似，都是個人生存的根基，推動生命的重要意義。**在多變的時代，要如何思考未來？

工作：理想還是不敢想

在不同的人生範疇中，職業是年輕人踏進社會的重要關口。職業並非只是一份工作，而是寄予人生意義，是每個人追求或實踐理想的園地，更是一個終身學習及自我成長的過程（life learning process）。**若能從事適合自己的職業，從工作中肯定自我，提高自我價值，工作就能成為提取力量的泉源**；相反，若只視職業為賺取生活的工具，便會在工作中失去自我，感到乏味無力，只會榨取個人的生命力。

為自己開創職業之路（career path-finding），涉及個人對自己的認知程度、對未來的認知能力，甚至個人對人生目標的追求及觀感。如果我們了解自己的個性、喜好及專長，對未來充滿盼望和能力感，以正面的態度面對所定的人生目標，並對達到這人生目標具有信心，我們會更有自信及能力選擇一些適合自己的職業。相反，若我們從沒想過自己的夢想，不了解個人專長及喜好，對未來缺乏遠見及盼望，也對達成人生目標缺乏信心，那麼我們必會感到選擇職業很困難而傾向逃避（陳碧凌、鄧焯榮，2003）。

你有沒有想過要從事哪一個行業？有沒有想過自己的喜好是什麼？你的專長是什麼？你知道哪些工作適合你？還是你感到選擇職業是困難的？若你現在已經有一份工作，有沒有想過自己的職業取向？現時的工作是否適合自己？你可以試試回答以下的問題，計算職業能力感（career efficacy）及職業逃避感（career avoidance）的分數，看看哪部分的分數較高，評估自己有否為開創職業作好準備。

職業取向

	非常不同意	不同意	同意	非常同意
職業能力感				
1. 我知道哪些職業跟我的興趣 / 能力相符。	1	2	3	4
2. 我知道哪些職業符合我興趣 / 能力的原因。	1	2	3	4
3. 我可以按自己的喜好列出最喜歡至最不喜歡的職業。	1	2	3	4
4. 我知道自己對將來工作的特定要求。	1	2	3	4
合計分數				
職業逃避感				
5. 對我來說，此刻要選擇學科或培訓，實在太複雜 / 困難了。	1	2	3	4
6. 當我愈了解自己及求職市場的需要，便愈感困擾。	1	2	3	4
7. 我對選擇職業感到困難，寧願不去想。	1	2	3	4
8. 我擔心自己會選錯職業 / 學科。	1	2	3	4
合計分數				

誰主宰未來

自古以來，人類不停尋索未來，無數人曾經問過「未來會是怎樣」，卻從來沒有一個人能夠準確回答。有些人能夠掌握有關未來的趨勢，捷足先登；有些人持清晰的人生方向，生命充實滿足，但是大部分人覺得未來與自己沒有關係，隨波逐流，也有一些人似乎受到未來的咒詛，總在憂心死期不知何時臨到。

論及人生目標，我們很自然聯想對未來的預測；無可否認，前瞻的視野，對自己未來的認知和觀感，會產生重要的影響力。

曾聽過一個有關搬運磚頭的故事。有一個富翁招來一位工人，叫他將一塊塊的磚頭疊起來。一天又一天過去，工人天天搬磚疊磚，卻看不見明天有何效果，最後不甘苦悶便離開了。又招來第二位工人，叫他將一塊塊的磚頭疊起來，堆砌成磚牆。一天又一天過去，工人只能見到一幅高牆，心中感到有一幅圍牆遮蓋了明天，覺得沒有什麼意思，就默然離開了。富翁再招來第三位工人，同樣叫他將一塊塊的磚頭疊起來，說有天可以建成一間房子。一天又一天過去，工人天天想着未來的遠象，完成看似沉悶的工作。這位工人得了酬勞，並且快快樂樂地離開。

是什麼令三個工人有這樣的差異呢？為什麼每人對未來有不同的觀感？試運用附圖了解自己對未來的心態及觀感。

未來認知

未來理解力

我今天的選擇能夠影響我的將來，計劃未來會影響我今天的生活態度。

未來弔詭性

將來存在很多未知數，我很難預見自己的未來，未來充滿各樣的機會和可能性。

未來樂觀感

只要今天努力，我相信將來會變得美好，未來是充滿生機和盼望的。

未來悲觀感

我對未來沒有盼望，無論我怎麼努力，仍然很難改變未來。

未來能力感

無論今天的境況如何，我仍然可以掌握自己的將來。我有能力計劃將來。

（陳碧凌、鄧焯榮（2003）。〈青少年未來視野之心理量表發展報告〉）

具備未來視野的人，能夠洞悉發展趨勢，評估並預先作出適當的部署。這類人往往比別人走快一步，掌握先機。可是，一個人能準確地預測未來，不意味必然找到正確的人生目標，並能堅定不移地實現理想。雖然一個人愈能夠預測未來情況，愈有助他作出適切的評估與部署，可是**即使未能準確地預測未來，我們仍可為自己的人生目標繼續堅持。**每個人背景不同，起點不同，看到和選擇的路都不同，這些因素都會決定誰能進到自己的理想之地，誰只能無奈地走到不情願的終點。

面對未來：樂觀或悲觀

不同人面對未來的觀感，可概括分為悲觀和樂觀。不同的心態取向，影響人對未來的抉擇及行動。悲觀的人對未來沒有盼望，不相信自己的努力能改變未來。他們常常感到自己是不幸的人，不如意的事總發生在自己身上。因此，他們很少計劃將來，即使有人生目標，亦不相信自己會做到。

相反，對未來樂觀的人，覺得生活充滿生機和盼望，常常思想好的一面。他們相信努力能改寫未來，亦預期好的結果多於壞的。

由於他們相信未來可以變得更好，即使處於困境，仍能為未來訂定目標；過程中遇到挫折，也會繼續向着目標努力。**樂觀及悲觀這兩種心理取向，某程度受個人對未來的理解及控制的能力感（future competencies）所影響。**

掌握自己的未來

缺乏未來認知的人大概有三類。一種人活在過去，只會天天懷緬從前的風光，或者埋沒於昔日的傷痛中，讓過去成為今天生命的綑綁。第二種人活在今天，「今朝有酒今朝醉」，既沒有過去，亦沒有將來。第三種人活在未來，空想發夢，沒有切實計劃，亦沒有腳踏實地的生活。所謂「一分耕耘，一分收穫」，這類人看似有未來感，卻忘記過去和現在，只懂得沉醉於造夢，最終一事無成。

今天社會鼓吹都市物慾氾濫的生活方式，追求即時、短暫的享受和快感。大部分人只活在今天，見步行步，過去或將來似乎與現實生活脫鉤。

不同人對事情的因果關係有着不同的理解。**未來理解力（future knowledge）正幫助個人明白過去如何塑造現在，而現在又如何準備和影響將來。**下列圖表顯示了時間線上過去、現在與將來的相互關係。

今天的一切是源於過去的決定。從過往的經歷，他們知道自己的能力和限制，於是能好好活於現在，亦能看到自己的潛能如何在未來發揮。而今天的選擇會決定未來，未來的計劃也會影響今天的生活態度，甚至對過去事件的理解和感受等，繼而影響當下的選擇。人生是一個學習的過程，每個人都應該從過去學習，活於現在，期望着將來。

不妨試試用這個思考方法，看看你的過去、現在和將來組成的人生路，從而訂立人生目標和計劃部署，重寫人生圖譜。

下頁有一條時間線，分上下兩部分思考。先從下半部開始，由左而右，思想過去的人生軌跡，從而看現在的你，再估計未來的你是怎樣。若沒有人生目標的，可思索訂立一個合適的目標；已有目標的，可重新檢視評估目標的可行性。繼而轉向時間線的上半部思想，由右至左，借助未來回看今天和過去，幫助你按所定的人生目標為今天的自己定位，賦予意義。按整條人生時間線作一個循環性思考。

能夠正確理解過去、現在和將來關係的人，往往有一份掌握未來的能力感，相信未來受自己控制。這份能力感來自個人的主觀感受，而非客觀量度的能力。這股內在的能力感能大大的推動、支持個人實現理想，即使面對惡劣的處境，都較有信心改變現實的困難。

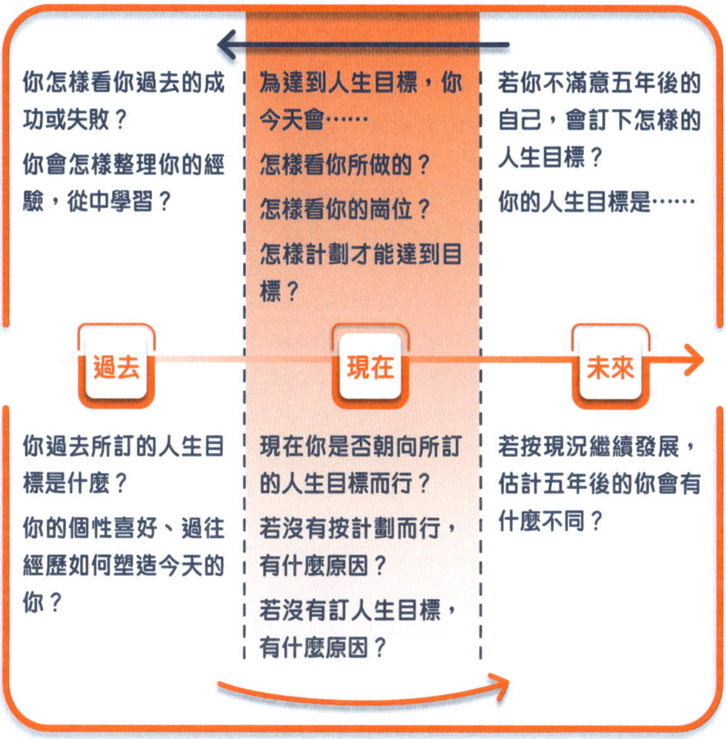

你怎樣看你過去的成功或失敗？

你會怎樣整理你的經驗，從中學習？

為達到人生目標，你今天會……

怎樣看你所做的？

怎樣看你的崗位？

怎樣計劃才能達到目標？

若你不滿意五年後的自己，會訂下怎樣的人生目標？

你的人生目標是……

過去

現在

未來

你過去所訂的人生目標是什麼？

你的個性喜好、過往經歷如何塑造今天的你？

現在你是否朝向所訂的人生目標而行？

若沒有按計劃而行，有什麼原因？

若沒有訂人生目標，有什麼原因？

若按現況繼續發展，估計五年後的你會有什麼不同？

內在旅程的目標

對未來的認知，反映個人對未來的觀感，而對未來的觀感則由內在世界的態度所決定。自我認識的內在旅程，包括個人自尊感（self-esteem）、效能感（self-efficacy）、調控感（self-regulation）及達成目標的希望。對生命有清晰目標的人，往往能更好地掌握未來。

對未來的觀感

計算各部分分數，了解自己在訂定未來目標和個人內在目標的情況。分數愈高，代表你的該範疇愈強。

	非常不同意	不同意	同意	非常同意
自尊感				
1. 我感到自己是一個有價值的人，並不會比別人差。	1	2	3	4
2. 我抱着正面、積極的態度面對自己。	1	2	3	4
3. 總括來説，我感到自己是失敗的。	4	3	2	1
4. 我覺得自己沒有什麼值得自豪。	4	3	2	1
合計分數				
效能感				
5. 對我來説，堅持理想和達成目標是輕而易舉的事。	1	2	3	4
6. 以我的能力，我知道怎樣應付無法預知的情況。	1	2	3	4
7. 只要我付出一定的努力，就能夠解決大多數的難題。	1	2	3	4
8. 我自信能有效地應付任何突如其來的事情。	1	2	3	4
合計分數				

	非常不同意	不同意	同意	非常同意
調控感				
9. 需要時，我可以長時間專注在一件事上。	1	2	3	4
10. 我能夠專注於自己所訂的目標或計劃，不讓別的事情打擾。	1	2	3	4
11. 做事時，若情緒受影響，我能夠平復心情，繼續工作。	1	2	3	4
12. 需要時，我可以控制自己的情感，以理性、冷靜的方式處理問題。	1	2	3	4
合計分數				

到達未來的助力

自尊感是對自我價值和滿足的感覺。心理學家莫克（Christopher Mruk, 2006）討論有關自尊感的概念時，指出自尊感有五個範疇：能力、獨特、方向、安全及人際連繫感。內在因素，例如個人喜好、角色、價值觀、生命方向、意義和能幹；和外在因素，如他人的欣賞、認同和接納，都會影響自尊感。然而，過於看重別人對自己的看法，容易因他人的反應而動搖信心，影響個人成長及達成目標。

另外，馬斯勞（Abraham Maslow, 1943）將自尊感放置在需求層次金字塔的較高位置，視之為高層次的成長需要（Developmental needs），顯示自尊感是邁向較高層次自我發展的關鍵。

馬斯勞的需求層次理論

（Maslow's hierarchy of needs）

自尊感和自我意識是內在旅程的重要元素，也是訂定未來目標的重要基礎。能夠清楚自己的價值和興趣，才能選取正面和最適合的目標。在這過程中，效能感和調控感，有助人順利及有效付諸行動。在計劃未來的同時，個人必須考慮本身的責任 / 關係。未來的弔詭在於既是不可測，但人必需考慮一些可預測之處，尋求未來的機遇，有效整理個人的情緒和專注力，盡力減少干擾，朝向目標行動。

遇上挫折，人生的步伐難免會被打亂，抗逆力可以幫助人從谷底再次站起來的力量。而自我效能和自我調控感能有效應付壓力、解決問題，及幫助當事人從混亂的狀態下復原。在關鍵的時候，充分的「希望」（hope）能幫助人衝破障礙。「希望」在這裏並非指純粹的樂觀或盼望，而是有兩方面解釋：

1. 「希望」的存在能激勵人產生動力（willpower），認為目標是可以達成的；
2. 當眼前的目標受挫時，「希望」能幫助人找到新的解決方法和出路（waypower）。

當有需要時，人可作出合適的調節，不會盲目不變的衝向不設實際的目標。每人對目標的希望感都不同，以下的測試，可以就上述兩方面的分數高低，了解自己有否充分的希望感。

對希望的看法

	非常不同意	不同意	同意	非常同意
動力				
1. 我充滿幹勁、活力去追求自己所訂的目標。	1	2	3	4
2. 我能夠達成自己所訂的目標。	1	2	3	4
3. 我過去的經驗能幫助我作好準備，面對將來。	1	2	3	4
4. 我的人生過去都相當成功。	1	2	3	4
合計分數				
找出路				
5. 我能夠想出不同的方法，擺脱困難。	1	2	3	4
6. 我在任何困難中都能看到很多出路。	1	2	3	4
7. 我能夠想出不同的方法，去爭取對人生重要的東西。	1	2	3	4
8. 面對困難時，即使其他人感到氣餒，我知道自己仍然能夠想到解決方法。	1	2	3	4
合計分數				

兩種目標取向

如前所述，勾劃人生目標是要對過去、現在和將來作循環性思考的；個人的經驗有助理解過去、現在及將來，更有助計劃未來（Young, 1988）。因此，**過去的成長經驗或經歷，對一個人的未來取向和態度都很重要。**

你或許會疑問何以有些人同樣經歷失敗、同樣被人看扁，有人會放棄夢想，有人卻會繼續堅持，並且最終能達到目標？可以說，這兩種人有不同的目標取向（goal orientation）。每個人無論學習或處事都會有不同的目標取向，而這種取向大致可分為兩種，第一種是學習目標取向（learning goal orientation, LGO），另一種則是表現目標取向（performance goal orientation, PGO）。

傾向 LGO 的人會顯出更強的自我形象，包括個人自尊、自我意識和效能感。這類人喜歡挑戰難度，以積極樂觀的態度面對過去的失敗，並懂得從經驗中學習；他們重視過程中的學習多於結果，在努力的過程已能得到滿足和喜樂；他們認為成功在於個人的進步，並不會視一時的失敗或別人負面的評價為終身的失敗，反視之為日後進步的動力。

傾向 PGO 的人則較喜歡選擇做一些容易掌握的事情，重視事情的成敗得失，很在意別人對自己的評價。別人認為他們失敗，他們便會感到失望和困擾，從而否定自己的價值。

以下的測試，讓你知道自己在訂定及追尋人生目標的過程中最受什麼因素影響，從而了解你比較傾向哪一種目標取向。

目標取向

	非常不同意	不同意	同意	非常同意
表現目標取向（PGO）				
1. 當我做事比別人優勝，會感到自己能幹。	1	2	3	4
2. 我很重視別人對我做事的評價。	1	2	3	4
3. 我喜歡在我有足夠自信時，才開始嘗試某項工作。	1	2	3	4
4. 我喜歡做那些我過往做得好的事情。	1	2	3	4
合計分數				
學習目標取向（LGO）				
5. 我較喜歡做那些要學習新知識的事情。	1	2	3	4
6. 我很重視有助發展個人能力的機會。	1	2	3	4
7. 我很重視做一些富挑戰性事情的機會。	1	2	3	4
8. 若事情太難使我無法完成，下次我會更加努力去做。	1	2	3	4
合計分數				

兩種目標取向沒有所謂好壞之分，就好像冷和熱，不存在孰好孰壞。不同的目標取向顯示了不同人處於兩個極端之間的不同位置。傾向 PGO 的人也許更能適應這個時代。不過，在這競爭的世界，不可能每一個人都永遠成為第一；況且，第一的標準往往只由社會釐定。所以，我們應該重新定義，到底何謂成功。即使別人不同意，我們仍會相信自己的夢想是有價值的；即使別人批評，我們仍能從失敗中學習，繼續向目標而行；即使別人不認同，我們仍有屬於自己的人生目標，不為滿足他人的期望而放棄理想。

弔詭的未來

一般而言，對未來的樂觀感，是來自一份掌握未來的能力感。然而，意圖對未來有無止境的控制，亦是虛假的幻象和慾望。「一分耕耘，一分收穫」是正確的，但熟悉耕作的人都知道，收成要靠努力之餘，往往還要加上天時地利的配合，並非完全在人的掌控之中，正如人的成就同時受個人因素和外在因素決定。未來的弔詭在於危和機並存，事物有可控制與不能完全控制的部分，**不可百分百預測，並充滿各樣可能性。對未來有這樣的認知，就可以避免產生錯誤期望。**

有一則稱作「寧靜禱文」(Serenity Prayer)的生活智慧語，就有這幾句：「讓我們以勇氣去改變一些可改變的事；以平常心去改變自己，適應那些不能改變的事實；以智慧的心，分辨哪些事是可以改變的，哪些不可能。」

讓生命更有創意

有一個關於猴子的實驗。五隻猴子被關在一個設有自動裝置的籠子裏，籠子上有一排香蕉。若有猴子拿香蕉，裝置就會馬上向全部猴子噴水。有一隻猴子想拿香蕉，水就馬上噴出來，後來每隻猴子都嘗試，結果還是一樣。於是，猴子們有一個共識：不要拿香蕉。實驗人員把其中一隻猴子換掉，換入一隻新的猴子（猴子K）。猴子 K 看到香蕉，準備去拿，誰知還未碰到香蕉，就被四隻舊猴子揍了一頓。之後，實驗人員再把一隻舊猴子換掉，換上另外一隻新猴子（猴子 Q）。猴子 Q 看到香蕉，也伸手想拿，結果未碰到香蕉又被其他四隻揍打。實驗人員逐漸地把所有舊猴子都帶走，換入新猴子。當籠裏的五隻猴子都換了一輪，所有猴子都不敢碰那些香蕉，他們全都不知道原因，只知道一碰香蕉就會被打。

我們從來都相信，理想工作就是高薪厚職、福利佳、前途好。我們按着自己的個性專長，在有前途的職業名單中尋求夢想。當夢想和公認的理想職業無法配合，那只好放棄夢想，一生追求傳統上人人認定所謂「理想」的工作。很少人能打破傳統，突破社會公認的標準，為自己創出理想人生。當我們放棄自己的理想，就好像以上實驗裏的猴子一樣，隨波逐流，一生營營役役卻不知為何。

要堅持理想，除了要有未來視野，亦要有創意。這創意不是單指為自己找出人生目標，更要在困難挫折中找到新方法，創出新路，懷着一份突破固有思維、大膽嘗試的勇氣。在追求夢想的過程中，縱然不被看好，仍具備創意思維一直堅持。有人高薪厚職，卻視上班為苦差；又有人從事一些別人眼中沒前途的工作，每一天卻活得精彩。分別顯而易見。

在實現理想的過程中，除了創意思維，批判思維亦不可少。**我們在運用創意的同時，亦要具備批判能力，作出評估，尋找最有效、可行的方法，為自己的創意賦予價值，以致能有效地達到目標。**人腦分左右，負責不同的思考及記憶範疇。左腦主理邏輯思維，右腦負責情感創意；若能同時發揮左右腦的功能，大大幫助我們去達成人生理想。

左右腦的運用

	非常不同意	不同意	同意	非常同意
思想型（運用左腦）				
1. 我常用邏輯分析事情。	1	2	3	4
2. 我經常能辨別所得的資料。	1	2	3	4
3. 我能夠歸納別人説話的重點。	1	2	3	4
4. 面對多個選項時，我能比較不同決定的分別。	1	2	3	4
5. 我能看出事物之間如何互相影響。	1	2	3	4
合計分數				
創意型（運用右腦）				
6. 我常以直覺判斷別人的説話。	1	2	3	4
7. 我做事喜歡反傳統，以特別的方法行事。	1	2	3	4
8. 我做事有個人風格。	1	2	3	4
9. 我能想像超乎現實的事。	1	2	3	4
10. 我對生活常有很多靈感。	1	2	3	4
合計分數				

若思想型的總分較創意型多 5 分或以上，你傾向運用左腦；若創意型的總分較思想型的多 5 分或以上，則是傾向運用右腦；若思想型和創意型的分數相差少於 5 分，你便是同時運用左腦和右腦。

編寫生命的彩虹

現在，你不妨為自己人生幾個範疇，如學業、事業、家庭生活、社交生活及個人成長等，簡單訂定一個半年的目標，並回答四道問題。完成後，可將每項目標的得分各自相加。第 1 和 2 題反映你對人生目標達成（life goal attainment）的評估，第 3 和 4 題則反映你對所定人生目標的感覺（life goal affect）。

人生目標

範疇：____________（例如：事業）

請你寫出一個半年目標：____

____

請按你填寫的目標回答以下問題：

		1	2	3	4	5	
1. 你認為你的目標最後會成功還是失敗？	必定失敗	○	○	○	○	○	必定成功
2. 你認為達成目標的可能性有多高？	完全沒可能	○	○	○	○	○	完全有可能
3. 你的目標給你正面的感覺，例如：自信、鼓舞、熱切、活力、挑戰。	完全不正確	○	○	○	○	○	完全正確
4. 你的目標給你負面的感覺，例如：擔憂、恐懼、顫抖、焦慮、威脅。	完全不正確	○	○	○	○	○	完全正確

為自己訂下目標固然有助成長發展，讓人生變得有方向、有意義；但並非有了目標，人就能自動鍥而不捨地追尋。若我們有信心達成目標，這份信心及正面觀感，與個人自尊、自我意識、自我效能感有很大的關係。面對未來的挑戰，這些素質能幫助我們對未來產生希望、樂觀感和能力感，健康地朝着所訂的目標前進。

使命人生

夢想不是生活的甜品，可有可無，又或等到生活無憂時才可以追尋。夢想是繪畫人生圖譜不可或缺的部分，亦是奮鬥的推動力。你的工作背後，又有什麼在推動着你？

如果為餬口而工作，那就是交差。

如果為理想而工作，那就是使命。

如果別人的批評便放棄，那就是交差。

如果堅持到底，那就是使命。

如果沒有人稱讚和道謝便放棄，那就是交差。

如果沒有人認同你的努力，你仍然堅持到底，那就是使命。

交差，難以叫人興奮；使命，卻會叫人雀躍。

「……面對生活困局……不敢有希望……」

「……理想變成遙不可及的奢侈品……」

生命的困局往往為人帶來衝擊和危機，但危機同時包含着危險和機會。如果你在過去，或者正經歷人生的幽谷，曾否向自己問過以下的問題？

人生的危機，正好讓人有重新反省生命的機會。正如第 3 章有關抗逆力的討論，生活壓力令舊有的生活結構瓦解。但個人潛在的抗逆力，讓瓦解的生活得到重整，擺脱混亂重回新秩序，重整生命中的優次。

第 8 章

由耗損到和諧——身心改變的方法

要是我們明白生活模式和行為習慣對個人健康有重要影響，就可以為了健康的緣故，保持或改變一些行為和習慣。只要我們先了解健康行為和習慣是怎樣形成，又有什麼因素影響這個過程，以改善不健康的生活行為和習慣。

所謂「三歲定八十」，一個人早期的成長和經歷，對日後的性格、行為、生活習慣和長遠發展有着決定性的影響。除個人因素外，家庭背景、他人及外在環境的影響，亦塑造了許多生活習慣或影響健康的行為。

健康行為 / 習慣的理論

阿爾波特・班杜拉（Albert Bandara, 1977）的社會學習理論（Social Learning Theory）指出，家庭或社會因素影響個人的健康行為，正如人際關係可以帶來正面和負面的健康習慣。研究發現，**有多重患病風險的人，很多來自一些有着類似風險的家庭。**家庭成員習染了不良嗜好，如吸煙或過量飲酒，又或家庭不注重健康飲食、沒有運動習慣等等，容易讓人承襲了很多不健康的生活習慣。

無論是兒童或成年人，習慣可在不自覺的情況下養成，就像條件反射的過程。例如，如果你的朋友喜歡喝酒，自然增加你接觸酒精的機會。起初你只是偶然跟朋友出入酒吧，但當你漸漸習慣在酒吧這類場所出入（非條件處境 / 刺激，unconditioned stimulus），以及享受跟友伴一起聊天和放鬆的感覺（非條件反應，unconditioned response），便會慢慢地、不自覺地將飲酒（條件處境 / 刺激，conditioned stimulus）跟那份放鬆的感覺（條件反應，conditioned response）拉上關係。許多依賴煙酒或藥物的不良習慣，都有類似的形成過程，由嘗試、社交、工具、習慣到最後上癮的階段。當行為形成並變得穩固時，要改變習慣就會十分困難。

轉變階段模式

普齊斯加和狄卡門提（Prochaska & DiClemente, 1988）提出的行為轉變階段模式（Transtheoretical Model），以螺旋模式來描述行為逐步的轉變，包括以下六個階段：

1. 懵懂期（pre-contemplation）

未考慮改變行為，看不見自己的問題或不覺得有改變的需要；

2. 沉思期（contemplation）

開始承認問題的存在，以及對自己的影響，認真考慮在未來六個月作出改變；

3. 準備期（preparation）

準備採取行動，並且認真考慮在未來一個月作出改變；

4. 行動期（action）

開始具體改變習慣，並讓身邊的人知道；建立新的行為，包括新的技巧；

5. 維持期（maintenance）

成功保持已轉變的行為和習慣達六個月，亦有能力以新的模式應付生活；

6. 復發期（relapse）

可以發生在任何階段，使人再重複舊有行為，倒退到未有轉變的前階段。

事實上，改變行為習慣並非易事，尤其是可導致上癮傾向的習慣，大部分人都要經歷多番「復發」，才能永久戒除行為或達致穩固的改變。

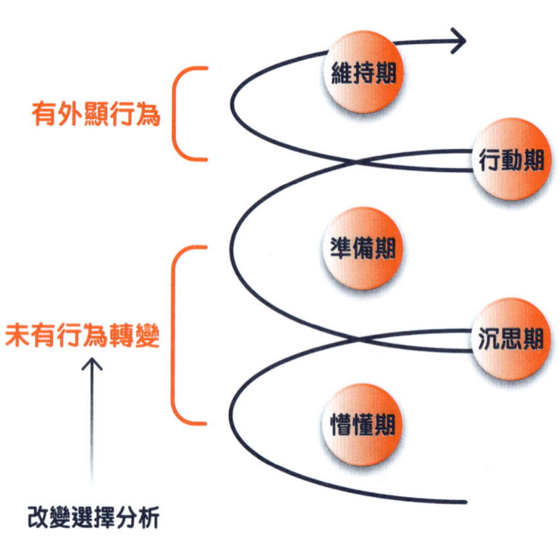

既然健康行為的轉變需要經過不同的階段，那麼是什麼因素促使人由不願改變到開始轉變，最後達致穩固改變的階段？**有理論解釋人處於不同的改變狀態，是受有關健康的理性決定及內在心理因素所影響。**威斯盾（Wallston, 1978）提出有關健康控制源頭理論（Health Locus of Control），說明內源控制（internal locus of control）和外源控制（external locus of control）的人，分別相信健康由自己掌握或他人 / 外在因素的主宰。內源性高的人較主動為自己的健康作決定，例如為健康緣故開始做運動，或培養健康的飲食習慣。相反，外源性高的人往往由他人決定自己的健康，不願為健康付出太多努力或作出轉變。

理性 / 計劃行為理論（Theory of Reasoned Action / Theory of Planned Behaviour）（Ajzen & Fishbein, 1975）指出，以下因素會影響個人的健康行為和選擇：

1. 受個人對期待行為 / 選擇的心態，包括可能的後果及預計的好處。

2. 對主觀規範的心態──行為 / 選擇是否為他人接受，包括他人的意見及自己是否願意接受外來規範。

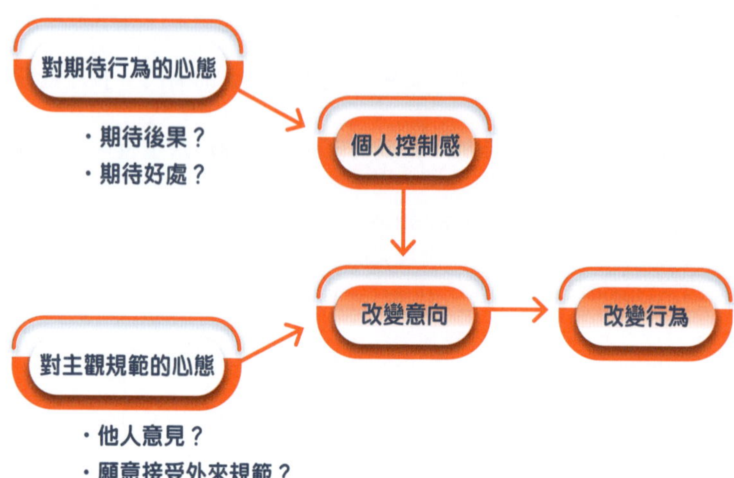

以戒煙作例子，不同因素都會影響一個人改變的意向，以及是否可以成功戒煙，包括他對停止吸煙的心態，以及他人對吸煙的接受程度、個人對吸煙行為的控制感等。

期待停止吸煙的心態，包括預計成功戒煙的可能性、戒煙帶來的影響，以及可預計的好處，例如，覺得不吸煙可以減少患病的機會，也減低二手煙對親人的損害等。而對主觀規範的心態，則可能是社會人士普遍不接受在公眾場所吸煙，感到無法抗拒羣眾壓力，間接增加戒煙的意向。

要促成一個人的行為轉變，包括內在和外在的推動力，促使吸煙者從懵懂期慢慢步向沉思期，開始考慮吸煙與戒煙的利弊，以致由準備期到行動期時，戒煙者會出現嘗試改變的外顯行為。當他成功戒煙，並保持六個月以上，顯示改變的行為已進入穩定的維持期。

身心和諧生活的轉變

要讓生活邁向更和諧的狀態，除了了解整全生命的意義，更重要是願意自我改善。在**改變以先，我們要了解個人的生活模式屬於什麼行為階段。**像有吸煙和飲酒一類負面習慣的人士，若要將生活模式轉向更平衡和諧的狀態，要先經歷不同行為轉變階段的過程。試運用下列圖表的練習，仔細記錄開始時各身心靈範疇的行為階段，以致能計劃身心和諧生活的目標和改變策略。

生活改變的階段	提高飲食營養/質素	定期運動	處理個人壓力	建立穩固人際支持	建立穩固的信仰	定期計劃生活目標	學習新的思維方法
保持改變已有6個月							
開始改變行為，未達6個月							
計劃在1個月內改變							
計劃在6個月內改變							
未來6個月沒有計劃改變							
曾有嘗試，但反復地未能維持改變							

整全健康導修

改變生活模式需要很大的恆心和意志力。**除個人的努力外，最好有教練從旁鼓勵和指導，成功的機會將大大增加。**教練（coaching）的概念，原本流行於體育運動界，我們或會聯想學游泳、學樂器，或駕駛等活動。教練能幫助人掌握專門技能，支援和鼓勵受訓者達到特定目標。導師 / 顧問（mentoring）與教練的性質相近，但不單顧及受訓者達致目標的過程，亦關心他的全人生命和潛能的發展，與受訓者保持較密切的關係。今天，coaching 或 mentoring 已是新興的行業，亦已應用到商業、教育、個人發展、健康及心理輔導等範疇。

整全健康導修（wellness coaching/mentoring）的助人者，包含教練和導師的雙重角色，透過與當事人互相合作，執行行為改變的理論和過程，帶領和指導他邁向身心更和諧的生活目標。較常使用「成長模式」（GROW Model），描述導修過程的方向，包括：

1. **Goal（目標）：**個人理想的狀況；
2. **Reality（現實）：**開始時的狀況 / 問題；
3. **Option（選擇）：**行動 / 計劃目標的不同可能性；
4. **Way（前行）：**實行目標的行動。

除運用行為轉變階段的理論，幫助當事人漸進地達致理想的目標，整全健康導修亦運用了尋解面談（Solution-focused Therapy）（De Shazer & Insoo Kim Berg, 1988）和誘導面談（Motivational Interview）（Rick Botelho, 2004）的技巧，協助當事人由計劃目標的階段，轉變為行動的階段。整全健康導修背後的理念，是相信當事人有尋解方法的能力。尋解面談強調尋找方法之道（solution-focused），少以解決困難為重心（problem-focused），在短時間內令當事人達致理想的轉變或狀態。誘導面談則是一種指導方式，以協助當事人克服改變過程中的阻力，激勵他作持續轉變。

受助者與助人者的關係

因着個人心態及處於不同的行為階段，受助者與助人者之間有三種型態的關係，分別為：

1. 訪客 / 主持（visitor-host）；
2. 投訴者（訴客）/ 聆聽者（complainant-listener）；
3. 顧客 / 工作員（customer-worker）。

當受助者以訪客身分出現時，通常處於行為改變的懵懂期，既不承認自己的問題存在，亦沒有改變的意向。部分受助者是因為家人或朋友的壓力，才去尋求協助。他們像觀看商店櫥窗的訪客一樣，或許未有購買的動機，只是想對事情初步了解。助人者像主持的角色，與受助人建立關係和信任，亦要了解訪客來訪的動機和原因。對於沒有改變意向或意向較低的人，他們一般不易直接回答問題或引起深入的傾談。助人者可與受助人探討保持現況對他的實際意義，當中有什麼好處，或帶來了什麼限制。除這些初步探索，助人者的任務是幫助受助者找到再次來訪的原因，以提高改變的意向，推進行為轉變的階段。

若受助者願意開放自己，考慮作出改變，受助者與助人者之間漸變為「訴客 / 聆聽者」的關係。受助者開始信任助人者，處理當前問題的意向也相對提高，亦開始考慮在未來一段時間尋找改變的方法，這時正是進入沉思期和預備期。受助者雖有改變的意向，但實際轉變的動機還未算高，因他們可能將問題的根源歸咎於他人或外在因素，缺乏對問題真正的認知，沒有思想自己能改變的地方。在這階段，助人者多處於聆聽者的角色，嘗試明白受助者的故事和難處，亦鼓勵受助者承擔本身的責任和以新的角度理解當前的現實。協助受助者預見將來可能發生的事，讓他知道如何得到幫助。這樣不單減少受助者對改變的阻力，亦提高行動改變的動機。

在前面行為轉變的基礎下，受助者擁有積極改變的意向，開始進入行動期。由於十分清楚自己的需要和當前的目標，能與受助者充分合作，可形容為「顧客 / 工作員」的關係。顧客尋找達到個人目標和學習自助的方法，然後逐漸減少對助人者的依賴。**作為教練的助人者會協助「顧客」發揮尋解方法的能力，並鼓勵和幫助受助者，以自己的方式和資源，找出突破困難的出路。**

整全身心導修的四個方向

以下就身心狀態發展的四個範疇，進行四種不同程度的改變，分別為「行為習慣」式改變，成功後的「自我探索」式改變，再晉升至「人際連繫」式，甚至「重整生命」式的改變策略。

方向一：發展生活習慣（行為習慣）

建立一些新的生活模式，例如穩定的運動習慣，可以用「行為習慣」式的改變策略。以偉恆的例子作討論，他展示了發展健康的運動習慣的策略。當偉恆盼望轉變生活方式，我們勸他更關注自己的身體健康，可以由穩定的運動習慣開始作導引。例如，鼓勵他改變現時的運動模式和頻率，以達致最終目標。運動計劃可設計為每星期最少三次，中等至劇烈程度、持續的、有節奏及帶氧的大肌肉運動，例如緩步跑、游泳、溜冰、踏單車、跳繩、原地跑等。

對於大部分沒有運動習慣的人，應採循序漸進的方式，亦要了解自己身體的狀態。在訂定具體運動計劃之前，應先找醫生作身體檢查，對身體狀態作出評估，聽取專業人士對運動的建議。一切準備就緒，偉恆與整全身心教練（以下簡稱教練）可作初步生活模式的評估，探索他平日的習慣，以設計最合適的運動策略。

偉恆起初處於訴客期的時候，教練與他進行改變選擇分析（decision balance），以了解他改變運動習慣的意向（運用第 7 章的「人生目標」表格）。分析當事人對自己缺乏運動狀況的想法，包括保持現況或改變的好處和限制。另外，當事人亦會列出對持續運動半年的目標的心態評分。這些評分題目能有效顯示當事人對未來目標的預期（outcome expectancy），阻力與助力（resistance & motivation）的平衡，以及整體反映改變的意向，最終達致目標的機會與速度。

改變運動習慣

請寫出一個維持半年的運動目標：

每星期最少三次，中等至劇烈程度，帶氧大肌肉運動。

請按目標回答以下問題：

		1	2	3	4	5	
1. 你認為目標最後會成功還是失敗？	必定失敗	○	○	○	○	○	必定成功
2. 你認為達成的目標可能性有多少？	完全沒可能	○	○	○	○	○	完全有可能
3. 目標給你的正面感覺，例如：自信、鼓舞、熱切、活力、挑戰。	完全不正確	○	○	○	○	○	完全正確
4. 目標給你的負面感覺，例如：擔憂、恐懼、顫抖、焦慮、威脅。	完全不正確	○	○	○	○	○	完全正確

偉恆列出一直缺乏運動的兩個好處，包括身體不會過分疲勞，也避免運動時被人看到自己的「肥肚腩」；又列出兩個限制，包括愈來愈肥胖，以及容易患上心臟病和高血壓等都市病。他要是改變運動習慣，並維持半年以上，亦有兩個好處，包括身體更健康，又有機會與太太、子女一同做運動；同時有兩個限制，包括沒有時間做運動，又怕沒有恆心維持習慣。

另外，偉恆對於目標能否成功和成功的可能性的評分為 3 分和 4 分，顯示他預計達致目標的成功率和可能性不算低，但仍可探索提升和改進的空間。不過，在正面感覺（positive affect, PA）和負面感覺（negative affect, NA）的評分中，PA 顯示當事人並未懷着熱切改變的意向，NA 亦顯示內心有一些焦慮和恐懼的情緒。

運用以上兩組答案，可進一步探索偉恆面臨改變遇上的阻力，亦可尋找前進至改變階段的誘因，使身心的一致性提高。例如：怕患病和想改善健康似乎是一致的目標；怕自己沒有恆心維持習慣，可以邀請家人一起做運動，互相鼓勵，既有良性的羣體壓力，亦可增進家人的感情和健康，有助增加改變的意向。另外，他應探索內心的焦慮和恐懼的情緒，是否與個人未能接受肥胖外表及害怕失敗有關。澄清、聆聽與處理這些負面情緒，有助偉恒由沉思期和預備期，轉向行動期。

除以上的改變選擇分析，當偉恒步入行動期的階段時，可運用NLP目標心理投射（psychological visualization）的方法，建構理想的目標情景，以增加他達成目標的效能感。由於他現時缺乏運動的狀態，與每星期三次的運動量，兩者之間有相當的距離，計劃應按部實行。將整項最終目標（final goal），再細分為兩個次目標（sub-goals），如兩個月後能每星期做一次以上的運動，以及五個月後能每星期做兩次以上的運動，其中最少一次與家人一起活動。教練可引導當事人用心理投射建構整個過程，分別在兩個月、五個月、九個月（最終目標）及一年後（維持目標已六個月）的心理圖像（mental picture）。**當事人能清楚預視自己達成目標的過程，加強邁向目標的信心；連串心理圖像和身心一致的經歷，亦能增進內在的自我溝通，使當事人的身心狀態更和諧，達致以全面的方式發展健康生活習慣的目標。**

方向二：重建自尊基礎（自我探索）

每當個人達成生活模式的轉變，獲得成功的經驗，便會為自尊加分。一些簡單的生活改變成功後，可晉升至「自我探索」式的改變策略，為內在的心理根基作一些轉變。面對危機或困難的時候，正是發揮內在生命抗逆力的時機。自尊感除了靠改變成功而增加，到底又是建基於什麼之上呢？

前文曾討論阿 Wing 的情況，當個人的自尊感只是建基於某一、兩個生命的範疇，例如外表或愛情，很容易因為這些事物的改變而受到嚴重衝擊，陷入非常低沉的狀態。在處理分手時，當事人的反應往往難以逃出昔日的感情關係，或者聲稱要追查感情破裂的真正原因。

導師要協助當事人在困苦中轉變並不容易。在阿 Wing 的個案中，由於她的自尊一直建基於感情之上，感情破裂令她的自尊大受威脅，無法接受分手的事實，只能沉緬於過往回憶，為自己提供一些安全感。所謂情關難過，當事人改變的關鍵，往往不是來自理性的討論，而是來自受壓 / 受傷情感得着釋放，或者內裏的深層自我重新找到依靠。阿 Wing 或身邊幫助她的人，除了首要處理她因分手產生的哀傷情緒，亦要着力重建她的自尊感和建構不同的價值觀 / 觀點，幫助當事人從哀傷和逃避中走出來。

方向三：連繫家人關係（人際連繫）

當遇上危機或面對困難的時候，人的心思容易過分集中於困擾之上，完全被問題沉浸，無法準確理解情況，亦忘記身邊有豐富的資源。NLP 的溝通模式，指出外在因素及他人支援如何影響個人連繫和健康。**當需要改變的範圍，包括了他人，或較多受外在因素影響時，正說明身心需要更深層的「人際連繫」。**

在第 5 章中曾提到，家人之間的連繫和關係的雙向性 —— 你的家人是否願意與你建立連繫，各人是否都有這方面的技巧；同時牽涉自己對家人關係的心態和理解。也就是說，一個人如果失去家人的連繫，可能來自家人不願意跟自己建立關係，亦可能是自己主觀理解令關係疏離。從阿 Wing 和秀智的家庭關係中，都以不同程度展示這兩種情況。

自尊感的建立

阿 Wing 與家人的關係比較疏離。家庭各成員間缺乏深入連繫溝通的正面心態與技巧，而阿 Wing 因個人問題和情緒的困擾，在主觀上覺得別人不關心，亦不明白自己，又因未能處理彼此的衝突，對家庭關係產生更多誤解和疏離感。家人關係未能為當事人提供自尊發展的基礎及安全感，使她只能將自尊建基於遙遠的理想和愛情之上。

秀智的情況有點不同，夫妻基本上有願意連繫的心態，卻缺乏溝通的技巧。秀智在工作、家庭與前途的迷惘中感到孤立。即使丈夫表達支持，她也感受不到關心，家人的連繫近乎失衡。

要改善和重建家人的連繫，並非單靠當事人獨自的努力。正如第 4 章討論有關家庭的溝通，每位家庭成員是否願意改變，決定了家人之間關係最終能否改變。但要強調的是，家庭是富有彈性的動態系統，家庭問題的產生、改變和解決，不會只是個別家庭成員的問題；而個別成員的問題，不過是反映家庭關係失去平衡，或者失衡的關係令個人問題變得更嚴重或更難改變。

尋解面談模式處理家庭關係，是相信家庭有能力尋找解決方法，並可以改變。即使失去平衡的家庭系統，家庭成員同樣處於特定的角色，保持某些家庭功能。若家庭成員能夠用新的角度，重新理解他人的角色或功能，便能增進彼此的溝通，這亦是關係改變的基礎。

問題在於家庭成員對家庭溝通和關係已非常習慣，不易以新的心態理解事物，沒意識自己擁有改變的能力。在家庭關係導修中，導師的角色是為當事人及其家庭成員，以架構重建（reframing）的方法重新理解習慣的事物，以促成改變，也與當事人一起發掘關係上的例外（exception）經歷或情況，增加改善家庭關係的機會。

以新眼光看家庭

當秀智投訴丈夫只顧忙於自己的工作時，導師可以引導她看到丈夫努力成長和積極進取的一面；當秀智埋怨丈夫在家中只顧休息，導師便可引導她認識屬視覺型的自己與屬感覺型的丈夫的分別，如嘗試看丈夫不單顧及自己的舒適，亦為家人締造一個溫暖和舒適的環境。當秀智嘗試以新的角度理解丈夫的行為，便可減少溝通和生活模式的分歧，促進家庭和諧，增進彼此關係。

當問及秀智遇上困難時，有否感到有人支持的例外情況？她記起兩個情景：一次是半年前與丈夫、兒子到郊外旅行，覺得彷似忘記了工作和家庭的張力，亦觀察到丈夫關心和愛護家人的舉動。另一次，秀智參加教會的祈禱會，有機會向教會朋友訴說自己的困難和掙扎，分享時亦從新的角度去明白和理解困境，似乎能幫助自己放鬆，亦感到丈夫、兒子和教會朋友的支持。這些情景令秀智得到鼓舞，經過導師的肯定和啟發，她有信心和計劃，採用更多具創意的方法去改善家庭關係。

在阿 Wing 的家庭關係中，導師嘗試探索一些關係上的例外情況。阿 Wing 回想有一次母親生病，她終於有機會關心母親了。平日一直是母親照顧家人，沒有機會讓女兒服事她，而能照顧母親，讓阿 Wing 經歷不一樣的事實。母親的年紀開始老邁，身體有不少毛病。在近距離的相處中，她經歷到母女之間的真情相待，有機會聽到很多昔日的家庭故事。阿 Wing 對母女關係有新的體會，母親並非想像中般難相處，她決定以後要更多關心母親的健康和感受。

另一次，母親想阿 Wing 陪自己到外面逛逛，突然興起想去海洋公園。阿 Wing 最初對這提議有點猶疑，知道母親捨不得花這麼多錢入場，而到達海洋公園後，母親真的覺得門票太貴，沒有入場便離開。後來，兩人只在餐廳吃了午飯，隨後周圍逛逛。然而，這興之所至的相聚，卻為母女造就另一次自然相處的機會。回憶這片段，阿 Wing 有了新的領悟。她感受母親與自己同樣看重和愛惜對方，但彼此的期望和表達方式不同。很多時，家人的相處需要方法和計劃，不過關係還是需靠日常的相聚漸漸加深。各人不應太執著於自己的方式或看法，只要用心去回應，藉着每天相處的機會，便可以連繫雙方的關係。

方向四：實現生命目標（重整生命）

當事人開始掌握如何催化和經歷內在與外在處境的改變，整全身心導修便可提升至更高的身心和諧的轉變，就是「重整生命」式（transformation）的改變策略。「重整生命」這個詞語驟眼看來可能有點沉重或有負面的聯想，但亦有其正面意義，如機遇、生機、改變和重生。在第 3 章曾介紹抗逆力，「重整生命」式的改變，是模仿大自然蝴蝶生命周期的「革變」。**生命成長中或有脆弱、危險和困難的時刻，藉發揮內在抗逆的生命力，把危機轉化為成長的機會，把生命轉化和提升至更美的階段。**

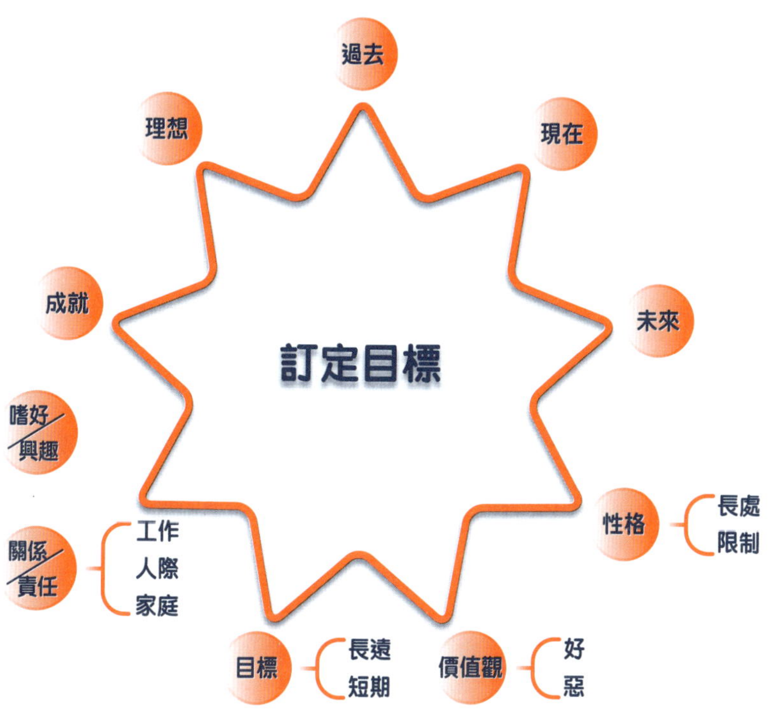
過去
現在
未來
性格
長處
限制
價值觀
好
惡
目標
長遠
短期
關係/責任
工作
人際
家庭
嗜好/興趣
成就
理想
訂定目標

設定改變的動力——心錨

日常生活中，個人的經歷是透過與不同的人、事、物的接觸，經大腦的處理和聯繫（processing & association），變成一連串的記憶。由於記憶往往是藉着生活事物聯繫的條件反射而發生（stimulus-response），情緒經驗的記憶能透過個別事物而引起（trigger）。所謂「睹物思人」，我們會因為看見、聽見、感覺或思想某事，而回憶起當時獨特的情緒。就好像看見生日派對的照片，會想起很多人前來祝賀，那份高興和受關注的感覺；想起畢業禮，那份成功、努力和自豪的感覺又會回來；撫觸指頭的疤痕，記起小時候從單車跌下，手指流血那份疼痛的感覺；聽見某一首前度喜愛的音樂，便想起昔日甜蜜的相處，以及分手時那份傷痛和不捨。很多個人或人際問題的發生，往往令當事人處於極度負面情緒中。解決問題時，當事人常陷於負面情緒的惡性循環，消耗大部分的心力，未能發現個人潛在的資源，無法全心全力應付當前的問題。

設定心錨的步驟

如要設定心錨（psychological anchoring），當事人事前先作思想準備，嘗試找出幾個正面（理想）的回憶片段，例如成功、被愛、被接納、滿足或喜樂等情緒經驗。情緒深度愈強烈，並且能清晰的以第一身的狀態，愈可以記起當時的情景和感受。可以從以下幾方面出發：

- 一次身體狀態非常好；
- 一次感到自信、非常自豪的經歷；
- 一次經歷別人關心、被接納或被愛的人際接觸；
- 一次令人生改變的深刻信仰經歷；
- 一次覺得自己很聰明、有創意的事件；
- 一次在讀書或工作階段，感到滿足或喜樂的事件 。

回憶以上六種事件，便可以設定心錨。按下列幾個步驟，可以自助形式進行，不過最理想始終是由導師引導當事人聯想，效果較佳。

1. 以舒適和自然的坐姿開始，閉上眼睛，自然地呼吸。

2. 引導當事人回憶過去的事件，可以之前六項事件的回憶作材料，描述當時的感受及身處的環境。

3. 在情緒經驗的高峰時，按一下手掌的某處（例如大拇指的指甲）。

4. 引導當事人從回憶狀態返回當前。

5. 測試已設定的心錨（先前按下手指甲的位置），詢問當事人的感受。

6. 重複 1 至 5 的步驟。

設定豐富情緒的心錨，可以增加我們正面的情緒，以改變不理想的情緒狀態，減少負面情緒，不讓心力過度消耗；**減低心理的擔子，增加改變的可能性，豐富個人的心理資源，作為成長或改變的動力。**

秀智因工作和生活的困境，出現身心醒覺，催促她生命重整。從迷失和混亂中，秀智找着豐富的心錨，確定個人自尊的基礎，確立家人和朋友的連繫，尋找和再思人生價值與目標，循着新的生命目標再走人生路。

在整全健康導修過程中，秀智再次認識自己的過去、現在與將來的關連；年輕時的她盼望以建立青少年作為目標，大專時主修輔導，以助人職業為志願。秀智喜歡關心和接觸學生，看到他們的成長和進步，給予她很大的滿足感和工作動力，亦看為教學上最大的成就。當她投入教學工作數年後，面對大量的行政事務及同事間的惡性競爭，令秀智更了解自己在工作的限制。當她將自己的感受和想法向教會朋友分享，朋友對她的鼓勵和回應，令她感到被了解，也以不同的心態重新明白與評估自己的生命。她因着信仰的支持，內心更得着一份安靜和平安的感覺。

經歷了身心醒覺，秀智更看清自己未來生命的圖畫，包括自己真實的處境，生命內在的資源、外在的人際連繫，及一位主宰自己生命與未來的神。這份內在的屬靈悟性的推動力，使她更能連繫個人生命的各範疇，將重要的事物放在合適的位置上。

她學習爭取個人時間，讓自己有反省和聆聽內心的空間。這有助她從信仰經歷中，獲得屬靈更新和內在的動力。她亦重新安排夫妻溝通、相處的時間，以培養更深入的感情，建立家庭關係及鞏固夫妻的互相支援。

工作方面，在配合家庭需要的同時，秀智為自己訂立進修的計劃和時間表。在未來工作的路向，盼望探索新的方向和可能性，她期望在學校參與學生輔導工作，讓自己的潛能得到更大的發揮。整體而言，秀智為自己的生命重新定位，嘗試將內外的旅程歸於一致，邁向身心更滿足和諧的狀況，再踏生命征途。

總結

整全健康和諧生活模式

整全健康的和諧生活模式，講求身體、心理、靈性和人際等六方面和諧平均發展，亦對身邊事物與自己的生命未來，有全面思考、計劃和落實的能力。

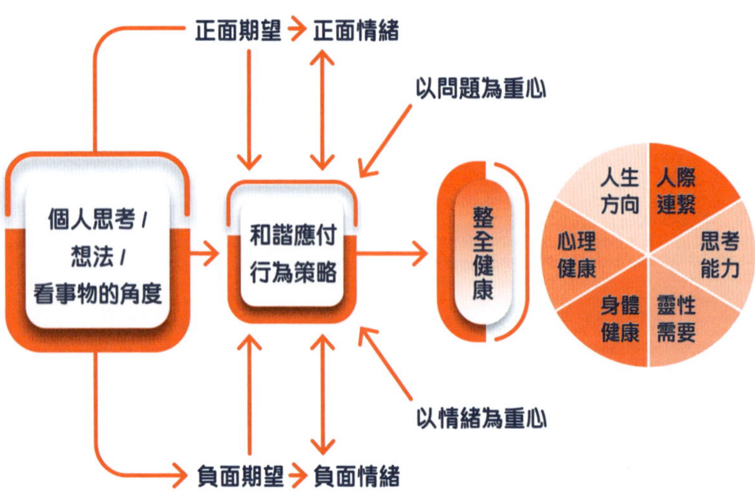

引用兒子給我的一篇文章，尋找後疫情的生活智慧。

「蜂蜜滴在桌面上，慢慢地流着。牠嗅到甜味便趕來品嚐蜂蜜。螞蟻天生就能移動比自己重十倍東西；牠們很強壯，好像正在移動一粒青豆吧！當靠近一隻海鷗，牠的個子顯得很小，相比生命也顯得短暫。然而自疫情以來，牠們每天的規律，沒有受影響或出現一點改變。

一個陽光明媚的早晨，蜜蜂開始每天的工作，尋找食物，也不忘記為植物散播花粉和種子，這是牠的使命。風如此猛烈，卻無阻窗邊行進的螞蟻。海鷗告別士兵們，他們列隊去最後的戰場。前線的軍隊，已等不及他們落後的同伴。

風呼呼吹着，當螞蟻倒下來，他被蜂蜜黏着。無法呼吸，拚命掙扎，無法令身體翻過來。小螞蟻無法尖叫，感到絕望。海鷗看着，可能在想，這些小生命和自己有什麼關聯？螞蟻每天工作20小時，對其他螞蟻和大自然，任務至關重要。

螞蟻很小，從事最微小的工作。不過，在牠們自己的眼中，覺得自己很強，也可能走得太快，沒留意同伴的死亡。可能不知道，自己像奴隸一樣的工作，也不注意，牠們跟同伴一樣，走向相同的結局。

螞蟻能悄無聲息地工作，也許只是支持那些連自己也不知道的系統和生命。人類在宇宙中，也是同樣的渺小。在那陽光明媚的早上，回望到窗旁，幾年的疫情，在家工作的日子；我們是否也和這些小螞蟻的生活類似？

改變由今天開始

一個人的思考方式、對世界的觀感、看事物的角度，會影響他對生命中事情的選取和抉擇，這對身心和諧有重要的決定作用。**現代人太着重追求生命中的其中一兩個範疇，例如事業、知識或外表，卻忽略了內心世界、靈性和關係的重要。**這樣的偏重，容易使生命停留於只注重外在和物質的世界，缺乏內在自我的認識和發揮、心靈的動力、信仰價值的承托、存在與永恆的追求和羣體連繫的相屬，使人陷於無止境地操控物質和渴想權力的慾望，產生很多生活上的壓力和矛盾，生命潛力無法發揮。

每個人的內在生命雖然有陰暗面，卻有一定的應對智慧和能力。

當人遇到疾病或挫折時，身體的免疫力和內在的抗逆力，都展示出天然的康復能力。人的靈性悟性，就像內在的眼睛，讓人看到什麼是重要的，在生命中該放到哪個位置。這樣的身心醒覺，不單令生命發現正確的方向，更讓人可以連繫宇宙的造物主，找到永恆的存在意義。

身心和諧的觀念，讓人認識內在思想可以決定外在行為模式，以此來平衡生活。傳統的平衡觀念，重點在於心理和諧的應付策略，是一種內在的平衡機制，令身、心皆處於和諧的狀態。這樣的狀態反過來亦能改變個人的思想，產生正面的感覺，自然地引發理想的行為轉變。

一個人要改變習慣和行為並非易事，只要能認清轉變的關鍵在於掌握思想，循着有效的方法與步驟，必然事半功倍。期望跟渴望追求身心和諧、整全健康生活的朋友，一起分享這種智慧。

參考資料

中文資料

1. 民主黨（香港）研究中心（2002 年 6 月）。〈婦女壓力問卷調查〉。

2. 香港小童群益會（2003）。〈穗港兩地父親生活壓力狀況研究報告〉。

3. 香港理工大學（2022 年 4 月 13 日）。〈理大研究指壓力事件對家庭成員之心理健康帶來負面影響 加強家庭抗逆力有助改善情況〉。https://www.polyu.edu.hk/tc/media/media-releases/2022/0413_polyu-research-finds-stressful-events-impose-negative-effects-on-family-members-mental-health/

4. 香港教育工作者聯會（2022 年 12 月）。〈教師身心健康」問卷調查 2022〉。https://hkfew.org.hk/images/%E6%95%99%E5%B8%AB%E8%BA%AB%E5%BF%83%E5%81%A5%E5%BA%B7%E5%95%8F%E5%8D%B7%E8%AA%BF%E6%9F%A52022_%E5%88%86%E6%9E%90.pdf

5. 香港青年協會（2021 年 7 月 7 日）。〈「全人健康 —— 聯繫內外」報告〉。https://hkfyg.org.hk/zh/2021/07/07/wellness_report/

6. 香港青年協會（2021 年 4 月 19 日）。〈支援教師應對教學新挑戰〉。https://yrc.hkfyg.org.hk/2021/04/19/yi059/

7. 香港家庭福利會（2003 年 11 月 1 日）。〈市民面對生活壓力的反應及處理調查報告〉。 https://www.cfsc.org.hk/cmsimg/doc/2003_5.pdf

8. 香港健康情緒中心（2004 年 6 月）。〈2004 教師壓力與情緒病調查〉。

9. 香港教育專業人員協會（2003 年 11 月）。〈2003 年教師工作壓力調查〉。

10. 高聯基著、李兆康譯（1983）。《心理壓力：成長的動力》。香港：學生福音團契出版社。

11. 基督教家庭服務中心（2003 年 10 月）。〈經濟不景氣下港人的精神健康狀況調查報告書〉。

12. 救世軍小組及社會服務部（1996 年 12 月）。〈婦女作為家庭照顧者壓力狀況調查〉。

13. 麥道衞著，董婉儀譯（2003）。《Click 進少年心》。香港：福音證主協會。

14. 湯國鈞、李靜慧等著（2017）。《誰偷走了我的快樂——應對負面情緒自助手冊》。香港：突破出版社。

15. 鄧焯榮（2000）。〈健康及疾病的心理過程：傳統及現代的智慧〉（英文論文）。香港：香港大學博士論文。

16. 鄧焯榮（2004）。《健康習作——身心和諧的生活時尚》。香港：突破出版社。

17. 鄧焯榮（2007）。《跨越困境——身心醒覺的內在力量》。香港：突破出版社。

18. 謝錫金、岑紹基等著（2004）。《非典情——港、粵、台抗嚴重急性呼吸系統綜合症報告文學》。香港：香港大學教育學院母語教學教師支援中心。

19. 香港大學防止自殺研究中心網頁。https://csrp.hku.hk/

20. 陳景波等著（1989）。《運動與生活》。香港：突破出版社。

21. 陳碧凌、鄧焯榮（2003）。〈青少年未來視野之心理量表發展報告〉（突破機構英文研究報告，優質教育基金贊助）。

22. 關口善太著，林玉佩譯（2001）。《自己學中醫》。台北：先智出版社。

23. 賴雪鈴（2002）。《NLP 執行師證書課程手冊》。香港：整全生活中心。

24. 楊家正、游達裕、梁玉麒編（2001）。《解困之道：尋解面談應用手冊及個案彙編》。香港：香港大學出版社。

25. 突破機構（2003）。〈青少年纖體與身心健康研究〉新聞發布。

26. 蔡元雲、區祥江、鄧焯榮等（2003）。《炮製少年不倒翁：家校抗逆手冊》。香港：突破出版社。

27. 關惠之、鄧焯榮（2003）。〈青少年溝通技巧之心理量表發展報告〉（突破機構英文研究報告，優質教育基金贊助）。

28. 關惠之、鄧焯榮（2004）。〈青少年跨越文化情緒智商之心理量表發展報告〉（突破機構英文研究報告，優質教育基金贊助）。

29. 李兆康、區祥江（2015）。《情緒有益》。香港：突破出版社。

30. 戴維森著，張若琪等譯（1997）。《完全傻瓜手冊 —— 個人時間管理》。台北：凱信出版事業有限公司。

31. 趙耀華：〈社交媒體造成政治兩極化〉，《信報》「龍虎山下」專欄，2021 年 1 月 20 日，https://www.hkubs.hku.hk/tc/research/thought-leadership/opinions-and-speeches/%E7%A4%BE%E4%BA%A4%E5%AA%92%E9%AB%94%E9%80%A0%E6%88%90%E6%94%BF%E6%B2%BB%E5%85%A9%E6%A5%B5%E5%8C%96/

32.〈肺炎疫情：新冠病毒全球大流行或對心理健康產生「深遠影響」〉，《BBC News 中文》，2020 年 4 月 17 日，https://www.bbc.com/zhongwen/trad/world-52308758

英文資料

1. Ajzen, I. & Fishbein, M.(1980). *Understanding Attitudes and Predicting Social Behaviour*. Englewood Cliff: Prentice-Hall.
2. Barosky, I.(1978). Compliance, adherence and the therapeutic alliance: Steps in the development of self-care. *Social Sciences and Medicines, 12*, 369.
3. Becker, J. M. H.(1974). The health belief model and sick role behavior. *Health Education Monographs, 2*, 409-419.
4. Birdwhistell, R. L.(1970). *Kinesics and Context: Essays on Body Motion Communication*. Philadelphia: University of Pennsylvania Press.
5. Cannon, W. B.(1929). *Bodily Changes in Pain, Hunger, Fear and Rage*. 2nd ed. New York: Appleton.
6. De Shazer, S.(1988). *Clues: Investigating Solutions in Brief Therapy*. New York: W. W. Norton.
7. Flach, F.(1997). *Resilience: The Power to Bounce Back When the Going Gets Tough*. New York: Hatherleigh.
8. Flach, F.(2004). *Resilience: Discovering a New Strength at Times of Stress*. New York: Random House Inc.
9. Friedman, M. & Rosenman, R. H.(1974). *Type A Behaviour and Your Heart*. New York: Knopf.
10. Gallup(2022). *State of the Global Workplace: 2022 Report*. https://www.gallup.com/workplace/349484/state-of-the-global-workplace-2022-report.aspx
11. Garratt, S.(1985). *Managing Your Time*. London: Fontana Press.

12. Kubler-Ross, E.(1993). *On Death and Dying*. New York: Macmillan.

13. Landrine, H. & Klonoff, E. A.(1992). Culture and health-related schema. *Health Psychology, 11*, 267-276.

14. Landrine, H. & Klonoff, E.A.(1992). Culture and health-related schemas: A review and proposal for interdisciplinary integration. *Health Psychology, 11*(4), 181-193.

15. Lazarus, R. S. & Folkman S.(1984). *Stress, Appraisal and Coping*. New York: Springer.

16. Leventhal, H., Meyer, D. & Nerenz, D. R. et. al.(1980). The common sense representation of illness danger. In Rachman, S.(Ed.,) *Contributions to Medical Psychology*. 2nd ed. New York: Pergamon Press, 17-30.

17. Moos, R. & Schaefer, J.(1984). The crisis of physical illness: An overview and conceptual approach. In Moos, R.(Ed.,)*Coping with Physical Illness: Vol. 2. New Perspectives*. New York: Plenum.

18. Olson, D. H.(1996). *PREPARE / ENRICH Counselor's Manual: Version 2000*. Minneapolis: Life Innovations, Inc.

19. OECD(2021). *Tackling the mental health impact of the COVID-19 crisis: An integrated, whole-of-society response*. https://www.oecd.org/coronavirus/policy-responses/tackling-the-mental-health-impact-of-the-covid-19-crisis-an-integrated-whole-of-society-response-0ccafa0b/

20. Ott, E. E.(1996). *The Mirror-like Nature of Past and Future*. http://www.futureperspective.com/mirror.htm

21. Pransky, J.(2003). *Prevention from Inside-Out*. Indiana: 1st Book Library.

22. Prochaska, J. O., Velicer, W. F., DiClemente, C. C. & Fava, J.(1988).

Measuring process of change: Applications to the cessation of smoking. *Journal of Consulting and Clinical Psychology, 56*, 520-528.

23. Rock, Michael E.(1999, November 30). *The 90% Factor: EQ(Emotional Intelligence)& the New Workplace.* CanadaOne Magazine. http://www.canadaone.com/magazine/eq050198.html

24. Rutter, M.(1985). Resilience in the face of adversity: Protective factors and psychiatric disorder. *British Journal of Psychiatry, 147*, 598-611.

25. Rutter, M.(1985). Resilience in the face of adversity: Protective factors and resistance to Psychiatric Disorder. *British Journal of Psychiatry, 147*, 598-611.

26. Selye, H.(1956). *The Stress of Life*. New York: McGraw-Hill.

27. Tang, A.(1992). *Nutrition, Health and Risk Factors of Coronary Heart Disease in Caucasian and Chinese Male College Students*. Wales: University of Wales. B. Sc. Dissertation.

28. Tang, A.(1993). *Anger, Blood Pressure and Other Risk Factors of Coronary Heart Disease: An Exploratory Study and Cross-cultural Study in Student Populations*. Guildford: University of Surrey. M. Sc. Dissertation.

29. Tang, A.(2001). *Research and Evaluation of Counselling Intervention: A Group Programme of Youth Resilience in Chinese*. Newcastle: University of Newcastle. M. Ed. Dissertation.

30. Tang, C. W.(2000). *Coping in Health and Illness: The Role of Traditional and Contemporary Health Beliefs in a Chinese Community*. Hong Kong: University of Hong Kong Ph.D. Thesis.

31. The Coronary Prevention Group(1991). *Preventing Heart Disease*. London: Hodder & Stoughton.

32. Wallston, B. S. & Wallston, K. A.(1978). Locus of control and health: A review of the literature. *Health Education Monographs, 6*, 107-117.

33. Willett, W. C., Skerrett, P. J., Giovannucci, E. L. & Callahan, M.(2001). *Eat, Drink, and Be Healthy: The Harvard Medical School Guide to Healthy Eating*. New York: Simon & Schuster.

34. Woo, K. S. & Owen, J.(1988). Changing prevalence and pattern of cardiovascular diseases in Hong Kong: A perspective in the 1990s. *Chinese Medical Journal, 101*(8), 579-586.

35. World Economic Forum(2022). *The Future of Jobs Report 202*0. https://www.weforum.org/reports/the-future-of-jobs-report-2020

36. Young, R. A.(1988). Ordinary explanations and career theories. *Journal of Counselling and Development, 66*, 336-340.